全国高职高专“十三五”道路桥梁工程技术专业系列规划教材

工程检测技术实训项目指导书

盛海洋　主编

邢小兵　主审

科学出版社

北　京

内 容 简 介

本书是《工程检测技术》（盛海洋主编，科学出版社出版）的配套教材。本书在编写过程中，本着"能力为主，需要为准，够用为度"的原则，强调针对性和实用性，以适应社会需要为目标，以"应用"为主旨和特征构建实践课程教学内容体系。本书共有 19 个实训，包括路基平整度检测、击实试验、灌砂法测定压实度、环刀法测定压实度、贝克曼梁测定路基回弹弯沉、现场 *CBR* 值测试方法等。

本书既可作为高职高专学校道路桥梁工程技术、工程监理、高等级公路维护与管理、港口工程技术、土木工程技术、城市轨道交通工程技术等专业的教学用书，也可作为相关专业技术人员的参考用书。

图书在版编目（CIP）数据

工程检测技术实训项目指导书/盛海洋主编. —北京：科学出版社，2017
（全国高职高专"十三五"道路桥梁工程技术专业系列规划教材）

ISBN 978-7-03-052359-4

Ⅰ.①工… Ⅱ.①盛… Ⅲ.①道路工程-检测-高等职业教育-教材 ②桥梁工程-检测-高等职业教育-教材 Ⅳ.①U41 ②U446

中国版本图书馆 CIP 数据核字（2017）第 054727 号

责任编辑：万瑞达 / 责任校对：刘玉靖
责任印制：吕春珉 / 封面设计：曹 来

科学出版社出版
北京东黄城根北街 16 号
邮政编码：100717
http://www.sciencep.com

百善印刷厂印刷

科学出版社发行 各地新华书店经销

*

2017 年 6 月第 一 版 开本：787×1092 1/16
2017 年 6 月第一次印刷 印张：4 1/2
字数：103 000

定价：58.00 元（共两册）

（如有印装质量问题，我社负责调换〈百善〉）
销售部电话 010-62136230 编辑部电话 010-62135120-2001（VA03）

前　言

本书是《工程检测技术》（盛海洋主编，科学出版社出版）的配套教材。通过对本书的学习，达到以下目的：

1．学生能系统地掌握交通土建工程常用建筑材料主要技术性能的试验与检测方法，以及路基路面工程、桥梁工程施工中主要质量指标的试验与检测方法；提高实际动手操作能力，以适应交通土建工程一线工作的需要。

2．学生能系统地了解各类仪器设备的使用规程，并熟悉有关试验检测的技术规范、规程、标准，在此基础上进行操作技能训练，提高实际动手能力，掌握试验数据处理、分析与评定的方法，提高编写试验检测报告的能力。

3．培养学生学习新标准、新规程的能力，具有试验过程中发现问题、分析问题、解决问题的能力，具有掌握新的测定方法和创新的能力。

4．培养学生实事求是的工作作风，强化责任心与安全意识；培养学生与他人合作的能力和吃苦耐劳的精神。

学习本书时有以下要求：在规定时间内，在实验室或实训基地完成规定的实训内容，并上交试验/检测报告；全部实训要严格按照现行标准的有关规定进行。

本书由盛海洋担任主编，其中实训 16 由盛海洋编写，其余内容由高璋生编写。全书由邢小兵主审。

由于编写水平和经验有限，书中难免存在不足之处，恳请广大读者批评指正。

编　者

目　　录

总　则

一、目的和意义

“检测实训”是道路与桥梁等专业的一门不可缺少的实践课程。通过实训，学习者能够熟练运用检测基本知识和检测试验技术对试验检测数据进行分析与整理；对工程所用材料的性能及质量作出准确的评价，提供科学的真实的工程质量检测结果。

二、规定

1. 实训要求

实训人员必须掌握检测的理论知识，明确实训目的和任务，了解仪器设备的使用和操作规程，熟悉试验实训的步骤，注意有关事项。

2. 试样的采集方法和试样数量的规定

1）试样必须具有代表性，使少量试样所得出的试验结果能确切地反映整批材料的质量。试验前需对试样做检查，并应特别注意那些可能影响试验结果正确性的特征，做好记录。

2）对每一单项试验，每组试样的取样数量宜不少于规范规定的最少取样量。需做几项试验时，如确能保证试样经一项试验后不致影响另一项试验的结果，可用同一组试样进行几项不同的试验。

3. 确定正确的试验方法

通过试验所测得的材料性能指标，都是按一定试验方法得出的有条件性的指标，试验方法不同，其结果也就不一样。因此，所确定的试验方法必须能正确地反映材料的真实性能，并且切实可行。

4. 试验操作过程要求

1）实训人员必须使仪器设备、试件制备、量测技术等严格符合既定试验方法中所做的规定，以保证试验条件的统一，获得准确、具有可比性的试验结果。

2）由于材料往往不很均匀，所以还必须对几个试件做平行试验，借以提高试验结果的精确度。

3）在整个试验操作的过程中，还必须注意观察出现的各种现象，做好记录，以便分析。

5. 仪器设备使用规定

1）实训使用的仪器设备均应经相应的计量部门或检测机构检定合格，并在使用中进行校正。计量单位应采用国家法定计量单位。

2）试验时仪器设备如有损坏，要及时报告登记；一旦发生事故，要及时采取措施，迅速如实地向有关部门报告，并保护现场，认真分析事故原因。

3）检验设备、计量仪表在使用前要做好检查，用后清洁干净。

4）检测人员必须自觉爱护仪器设备，经常保持仪器设备整洁、润滑，并能安全使用。

6. 检测数据的分析与处理要求

1）各项试验结果的计算及表示应符合有效数字的规定。试验方法的精确度或允许差用重复性试验和复现性试验的试验结果的标准差或误差表示，测定结果的准确度或误差应符合实训的具体规定。对于平行试验，应按所得到的数据，计算得出一个有意义的平均值作为测定值。

2）运用数理统计方面的知识对检测结果进行数据处理。利用算术平均值、误差、变异系数、正态分布和概率、可疑数据的取舍、数值修约规则等内容对检测数据进行科学的分析，评价原材料的性质和质量。

3）试验结果的分析包括以下内容：分析试验结果的可靠程度；说明在既定试验方法下所得成果的适用范围；将试验结果与材料质量标准相比较，并作出结论。

7. 原始记录与试验检测报告的填写要求

1）检测人员要按照规定的格式、文字认真填写试验检测报告，采用规定的格式纸或表格用钢笔或圆珠笔填写。原始记录不得随意涂改或删除，确需更改的地方只能画改，并由记录者在更改处加盖本人印章。

2）填写原始记录应做到字迹清晰、数据准确、内容真实。所列项目应填写齐全，不得擅自取舍。如有无需填写的项目，应在空栏内打一横线或加以说明。工程试验检测的原始记录不得用铅笔填写，内容应填写完整，应有试验检测人员和计算校核人员的签名。原始记录如果确需更改，作废数据应画两条水平线，将正确数据填在上方，盖更改人印章。原始记录应集中保管，保管期一般不得少于两年。原始记录可用计算机保存。

3）原始记录上必须有检测、记录与校核人员的签字。

8. 实训人员注意事项

1）必须遵守操作、防火、防毒及环境保护的规定。

2）要爱护仪器设备，节约试验材料，遵守操作规程，认真记录试验数据。

3）室内应保持整洁，试验中的污（废）物或废液要在指定地点倾倒。

实训1　路基平整度检测

1. 适用范围

可用3m直尺测定尺底距离路表面的最大间隙来表示路面的平整度，以“mm”计，此方法称为3m直尺测定法。它用于路基表面成型后的施工平整度检测，也可用于测定压实成型的路面各层表面的平整度，以此评定路面的施工质量及使用质量。

3m直尺测定法有单尺测定和等距离（1.5m）连续测定两种方法，前者常用于施工时的质量控制和检查验收，单尺测定时要计算出测定段的合格率。等距离连续测定也同样可用于施工质量的检查验收，但要算出标准差，用标准差来表示平整度程度。

2. 设备与材料

1）3m直尺：硬木或铝合金钢直尺，基准面平直，长3m，如图1.1所示。

2）塞尺：硬木或金属三角形塞尺，有手柄。塞尺的长度与高度之比不小于10，宽度不大于15mm，边部有高度标志，刻度精度小于或等于0.2mm，如图1.2所示。

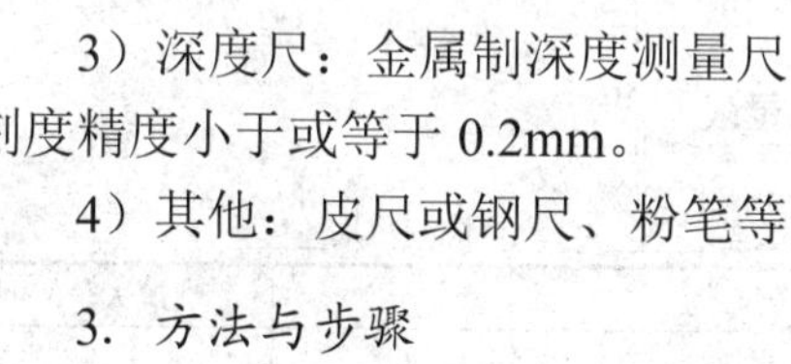

图1.1　3m直尺

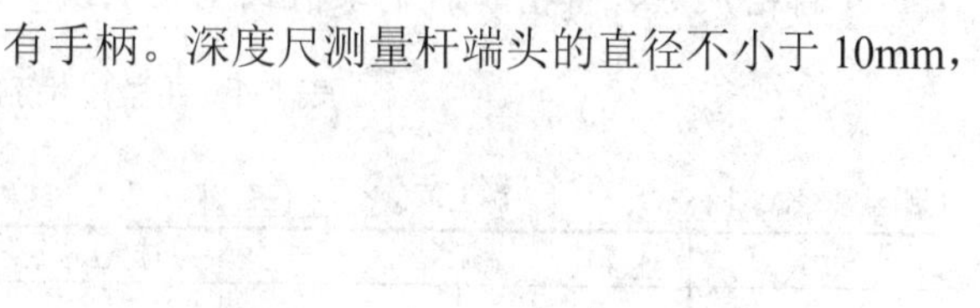

图1.2　塞尺

3）深度尺：金属制深度测量尺，有手柄。深度尺测量杆端头的直径不小于10mm，刻度精度小于或等于0.2mm。

4）其他：皮尺或钢尺、粉笔等。

3. 方法与步骤

（1）准备工作

1）按有关规范的规定选择测试路段。

2）在测试路段的路面上选择测试地点。当沥青路面施工过程中进行质量检测时，测试地点应选在接缝处，以单杆检测评定；除高速公路外，可用其他等级公路。路基路面工程进行质量检查验收或路况评定，每200m测2处，每处连续测量10尺。除特殊需要外，应以行车道一侧车轮的轮迹（距车道线 80～100cm）作为连续测定的标准位置，如图 1.3 所示。对旧路已形成车辙的路面，应取车辙中间位置为测定位置，用粉笔在路面上做好标志。

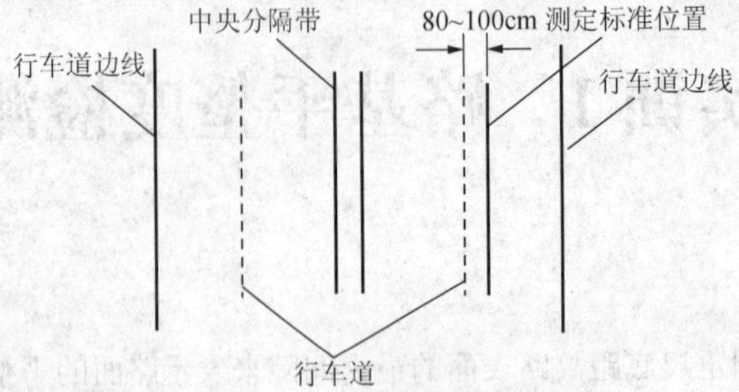

图 1.3　测点位置示意图

3）清扫路面测定位置处的污物。

（2）测试步骤

1）在施工过程中检测时，根据需要确定的方向，将 3m 直尺摆在测试地点的路面上。

2）目测 3m 直尺底面与路面之间的间隙情况，确定最大间隙的位置。

3）将有高度标线的塞尺塞进间隙处，量测其最大间隙的高度（mm），准确到 0.2mm。或者用深度尺在最大间隙位置量测直尺上顶面距地面的深度，该深度减去尺高，即为测试点的最大间隙的高度，准确至 0.2mm。

4. 计算

单尺检测路面的平整度计算，以 3m 直尺与路面的最大间隙为测定结果；连续测定 10 尺时，判断每个测定值是否合格，根据要求计算合格百分率，并计算 10 个最大间隙的平均值。

5. 报告

单尺检测的结果应随时记录测试位置及检测结果。连续测定 10 尺时，应报告平均值、不合格尺数、合格率，记录格式见表 1.1。

表 1.1　平整度检测记录表

工程名称××高速公路　　施工单位××工程公司　　结构层类型______　　检测日期______

桩号	读数/mm										最大值

实训 2　击 实 试 验

1. 适用范围

本试验分为轻型击实和重型击实。轻型击实试验适用于粒径不大于 20mm 的土；重型击实试验适用于粒径不大于 40mm 的土。

当土中最大颗粒粒径大于或等于 40mm，且质量含量大于 5%时，则应使用大尺寸试筒进行击实试验，或按《公路土工试验规程》（JTG E40—2007）进行最大干密度校正。大尺寸试筒要求其最小尺寸大于土样中最大颗粒粒径的 5 倍以上，并且击实试验的分层厚度应大于土样中最大颗粒粒径的 3 倍以上，单位体积击实功控制在 2677.2～2687.0 kJ/m^3 范围内。

当细粒土中的粗粒土总含量大于 40%或粒径大于 0.005mm 颗粒的含量大于土总质量的 70%（即 d_{30}≤0.005mm）时，还应做粗粒土最大干密度试验，其结果与重型击实试验结果相比较，最大干密度取两种试验结果的最大值。

2. 设备与材料

（1）仪器设备准备

1）击实筒如图 2.1 所示。击实试验方法和相应设备的主要参数应符合表 2.1 的规定。

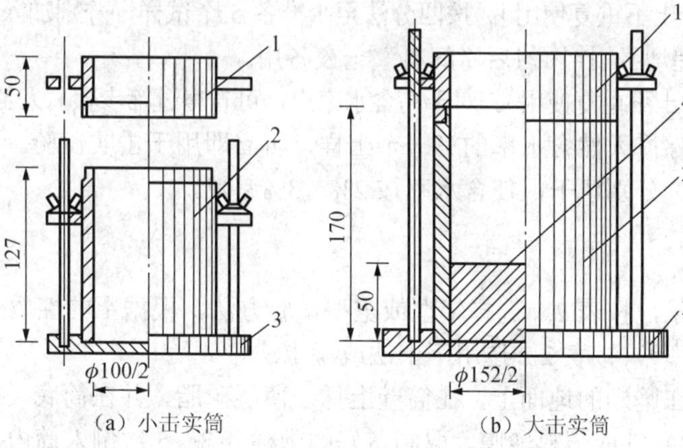

（a）小击实筒　　（b）大击实筒

图 2.1　击实筒

1-套筒；2-击实筒；3-底板；4-垫板

表 2.1 击实试验方法和相应设备的主要参数

试验方法	类别	锤底直径/cm	锤质量/kg	落高/cm	试筒尺寸		试样尺寸		层数	每层击数	击实功/（kJ/m^3）	最大粒径/mm
					内径/cm	高/cm	高度/cm	体积/cm^3				
轻型	Ⅰ-1	5	2.5	30	10	12.7	12.7	997	3	27	598.2	20
	Ⅱ-2	5	2.5	30	15.2	17	12	2177	3	59	598.2	40
重型	Ⅰ-1	5	4.5	45	10	12.7	12.7	997	5	27	2687.0	20
	Ⅱ-2	5	4.5	45	15.2	17	12	2177	3	98	2677.2	40

2）烘箱及干燥器。

3）天平：感量 0.01g。

4）台秤：称量 10kg，感量 5g。

5）圆孔筛：孔径 40mm、20mm 和 5mm 各一个。

6）拌和工具：面积 400mm×600mm、深 70mm 的金属盘，土铲。

7）其他：喷水设备、碾土器、盛土盘、量筒、推土器、铝盒、修土刀、平直尺等。

（2）试样准备

本试验可分别采用不同的方法准备试样，各方法可按表 2.2 准备试样。

表 2.2 试样设备

使用方法	类别	试筒内径/cm	最大粒径/mm	试料用量/kg
干土法，试样不重复使用	b	10	20	至少 5 个试样，每个 3
		15.2	40	至少 5 个试样，每个 6
湿土法，试样不重复使用	c	10	20	至少 5 个试样，每个 3
		15.2	40	至少 5 个试样，每个 6

1）干土法（土不重复使用）。按四分法至少准备 5 个试样，分别加入不同量的水（按 2%～3%含水率递增），拌均匀后“闷料”一夜备用。

2）湿土法（土不重复使用）。对于高含水率土，可省略过筛步骤，人工剔除大于 40mm 的粗石子即可。保持天然含水率的第一个土样，可立即用于击实试验。其余几个试样，将土分成小土块，分别风干，使含水率按 2%～3%递减。

3．方法步骤

根据工程要求，按表 2.1 选择轻型或重型试验方法。根据土的性质（含易击碎风化石的数量、含水率），按表 2.2 选用干土法或湿土法。

将击实筒放在坚硬的地面上，在筒壁上抹一薄层矿脂，并在筒底（小试筒）或垫块（大试筒）上放置蜡纸或塑料薄膜。取制备好的土样分 3～5 次倒入筒内，小筒按三层法时，每次 800～900g（其量应使击实后的试样等于或略高于筒高的 1/3）；按五层法时，每次 400～500g（其量应使击实后的试样等于或略高于筒高的 1/5）。对于大试筒，先将垫块放入筒内底板上，按三层法时每层需试样 1700g 左右。整平表面，并稍加压紧，然后按规定的击数进行第一层土的击实，击实时击锤应自由垂直落下，锤迹必须均匀分布于土样面。第一层击实完后，将试样层面“拉毛”，然后再装入套筒，重复上述方法进行其余各层土的击实。小试筒击实后，试样不应高出筒顶面 5mm；大试筒击实后，试样不应高出筒顶面 6mm。

用修土刀沿套筒内壁削刮，使试样与套筒脱离后，扭动并取下套筒，齐筒顶细心削平试样，拆除底板，擦净筒外壁，称量，准确至 1g。

用推土器推出筒内试样，从试样中心处取样测其含水率，计算至 0.1%。测定含水率用试样的数量按表 2.3 的规定取样（取出有代表性的土样）。两个试样含水率的精度应符合本试验的规定。

表 2.3　测定含水率用试样的数量

最大粒径/mm	试样质量/g	个数
＜5	15～20	2
约 5	约 50	1
约 20	约 250	1
约 40	约 500	1

对于干土法和湿土法，将试样搓散，然后按前述方法进行洒水、拌和，每次增加 2%～3%的含水率，其中有两个试样大于最佳含水率，有两个试样小于最佳含水率，所需加水量按下式计算，即

$$m_{\mathrm{w}} = \frac{m_i}{1+0.01\omega_i} \times 0.01(\omega - \omega_i) \tag{2.1}$$

式中　m_{w}——所需的加水量（g）；

m_i——含水率 ω_i 时土样的质量（g）；

ω_i——土样原有含水率（%）；

ω——要求达到的含水率（%）。

按上述步骤进行其他含水率试样的击实试验。

4. 计算

按下式计算击实后各点的干密度

$$\rho_{\mathrm{d}} = \frac{\rho}{1+0.01\omega} \tag{2.2}$$

式中　ρ_{d}——干密度（g/cm^3），计算至 0.01；

ρ——湿密度（g/cm^3）；

ω——含水率（%）。

以干密度为纵坐标，含水率为横坐标，绘制含水率与干密度的关系曲线（图 2.2），曲线上峰值点的纵、横坐标分别为最大干密度和最佳含水率。如曲线不能绘出明显的峰值点，应进行补点或重做。按下式计算饱和曲线的饱和含水率 $\omega_{\max}$，并绘制饱和含水率与干密度的关系曲线图，即

$$\omega_{\max}=\left[\frac{G_s\rho_w(1+\omega)-\rho}{G_s\rho}\right]\times 100\% \tag{2.3}$$

或

$$\omega_{\max}=\left(\frac{\rho_w}{\rho_d}-\frac{1}{G_s}\right)\times 100\% \tag{2.4}$$

式中 $\omega_{\max}$——饱和含水率（%），计算至 0.01；

ρ——试样的湿密度（g/cm³）；

ρ_w——水在 4℃时的密度（g/cm³）；

ρ_d——试样的干密度（g/cm³）；

G_s——试样土粒相对密度，对于粗粒土，则为土中粗细颗粒的混合相对密度；

ω——试样的含水率（%）。

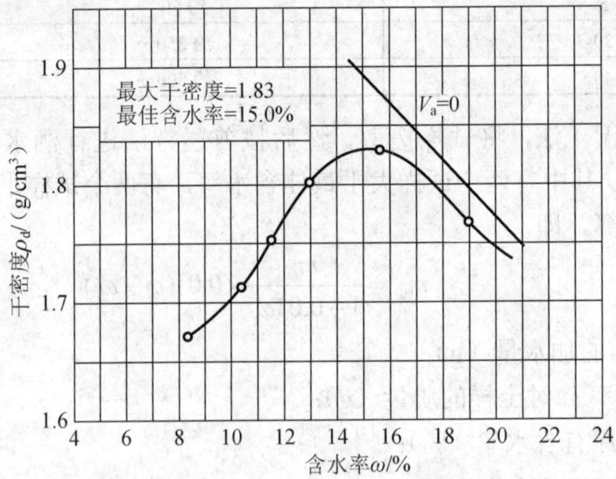

图 2.2 含水率与干密度的关系曲线

当试样中有大于 40mm 的颗粒时，应先取出大于 40mm 的颗粒，并求得其百分率 p，把小于 40mm 的部分做击实试验。按下面计算式分别对试验所得的最大干密度和最佳含水率进行校正（适用于大于 40mm 颗粒的含量小于 30%时）。

最大干密度按下式校正

$$\rho'_{dm}=\frac{1}{\dfrac{1-0.01p}{\rho_{dm}}+\dfrac{0.01p}{\rho_w G'_s}} \tag{2.5}$$

式中 ρ'_{dm}——校正后的最大干密度（g/cm³），计算至 0.01；

ρ_{dm}——用粒径小于 40mm 的土样试验所得的最大干密度（g/cm³）；

p——试料中粒径大于 40mm 颗粒的百分率（%）；

G'_s——粒径大于 40mm 颗粒的毛体积相对密度，计算至 0.01。

最佳含水率按下式校正

$$\omega_0' = \omega_0(1-0.01p)+0.01p\omega_2 \tag{2.6}$$

式中　ω_0'——校正后的最佳含水率（%），计算至 0.01；

ω_0——用粒径小于 40mm 的土样试验所得的最佳含水率（%）；

ω_2——粒径大于 40mm 颗粒的吸水量（%）。

击实试验记录见表 2.4。

表 2.4　击实试验记录

校核者________　　　　计算者________　　　　试验者________

土样编号	筒号		落距	45cm		
土样来源	筒容积	997 cm^3	每层击数	27		
试验日期	击锤质量	4.5kg	大于 5mm 颗粒含量			
干密度	试验次数	1	2	3	4	5
	筒+土质量/g					
	筒质量/g					
	湿土质量/g					
	湿密度/（g/cm^3）					
	干密度/（g/cm^3）					
含水率	盒号					
	盒+湿土质量/g					
	盒+干土质量/g					
	盒质量/g					
	水质量/g					
	干土质量/g					
	含水率/%					
	平均含水率/%					
	最佳含水率=		最大干密度=			

本试验含水率须进行两次平行测定，取其算术平均值，含水率测定的允许平行差值应符合表 2.5 的规定。

表 2.5　含水率测定的允许平行差值

含水率/%	允许平行差值/%	含水率/%	允许平行差值/%	含水率/%	允许平行差值/%
5 以下	0.3	40 以下	≤1	40 以上	≤2

5. 报告

报告包括土的鉴别分类和代号、土的最佳含水率和土的最大干密度。

实训3　灌砂法测定压实度

1. 适用范围

用灌砂法测定密度和压实度时，应符合下列规定：

1）当集料的最大粒径小于13.2mm，测定层的厚度不超过150 mm时，宜采用ϕ100mm的小型灌砂筒测试。

2）当集料的最大粒径大于13.2mm，测定层的厚度不超过200mm时，应用ϕ150mm的大型灌砂筒测试。

2. 设备与材料

1）灌砂筒：金属圆筒（可用镀锌薄钢板制作）的内径为100mm，总高360mm。灌砂筒主要分两部分：上部为储砂筒，筒深270mm（容积约2120cm^3），筒底中心有一个直径10mm的圆孔；下部装一倒置的圆锥形漏斗，漏斗上端开口直径为10mm，并焊接在一块直径100mm的铁板上，铁板中心有一直径10mm的圆孔与漏斗上开口相接。在储砂筒筒底与漏斗顶端铁板之间设有开关。开关为一薄铁板，一端与筒底及漏斗铁板铰接在一起，另一端伸出筒身外，开关铁板上也有一个直径10mm的圆孔。将开关向左移动时，开关铁板上的圆孔恰好与筒底圆孔及漏斗上开口相对，即三个圆孔在平面上重叠在一起，砂就可通过圆孔自由落下。将开关向右移动时，开关将筒底圆孔堵塞，砂即停止下落。灌砂筒和标定罐如图3.1所示，灌砂筒的主要尺寸见表3.1。

2）金属标定罐：用薄铁板制作的金属罐，上端周围有一罐缘。

3）基板：用薄铁板制作的金属方盘，盘的中心有一圆孔。

4）玻璃板：边长500～600mm的方形板。

5）试样盘：小筒挖出的试样可用饭盒存放，大筒挖出的试样可用300mm×500mm×40mm的搪瓷盘存放。

6）天平或台秤：称量10～15kg，感量不大于1g；用于含水量测定的天平精度，对细粒土、中粒土、粗粒土宜分别为0.01g、0.1 g、1.0 g。

7）含水量测定器具：如铝盒、烘箱等。

8）量砂：粒径0.3～0.60 mm清洁干燥的砂，20～40kg，使用前须洗净、烘干，并放置足够的时间，使其与空气的湿度达到平衡。

9）盛砂的容器：塑料桶等。

10）其他：錾子、螺钉旋具、铁锤、长把勺、长把小簸箕、毛刷等。

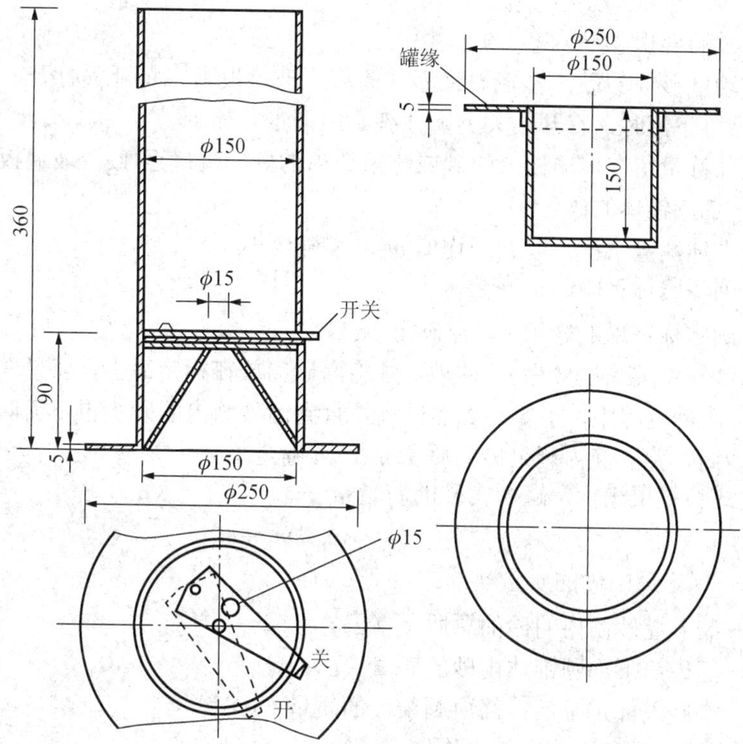

图 3.1　灌砂筒和标定罐

表 3.1　灌砂筒的主要尺寸

结构		小型灌砂筒	大型灌砂筒
储砂筒	直径/mm	100	150
	容积/cm^3	2120	4600
流砂孔	直径/mm	10	15
金属标定罐	内径/mm	100	150
	外径/mm	150	200
金属方盘基板	边长/mm	350	400
	深/mm	40	50
	中孔直径/mm	100	150

3. *方法与步骤*

1）检测对象的试样用同种材料进行击实试验，得到最大干密度（ρ_c）及最佳含水量。

2）选用适宜的灌砂筒。

3）按下列步骤标定灌砂筒下部圆锥体砂的质量：

① 在灌砂筒筒口高度上，向灌砂筒内装砂至距筒顶 15mm 左右为止。称取装入筒内砂的质量 m_1，准确至 1g。以后每次标定及试验都应该维持装砂高度与质量不变。

② 将开关打开，使灌砂筒筒底的流砂孔、圆锥形漏斗上端开口的圆孔及开关铁板中心的圆孔上下对准，让砂自由流出，并使流出砂的体积与工地所挖试洞内的体积相当

（或等于标定罐的容积）。

③ 不晃动储砂筒的砂，轻轻地将灌砂筒移至玻璃板上，将开关打开，让砂流出，直到筒内砂不再下流时，将开关关上，并细心地取走砂筒。

④ 收集并称量留在玻璃板上的砂或称量筒内的砂，准确至 1g。玻璃板上的砂就是填满灌砂筒下部圆锥体的砂。

⑤ 重复上述测量三次，取其平均值 m_2，准确至 1g。

4）按下列步骤标定砂的密度 γ_s：

① 用水确定标定罐的容积 V，准确至 1mL。

② 在储砂筒中装入质量为 m_1 的砂，并将灌砂筒放在标定罐上，将开关打开，让砂流出。在整个流砂过程中，不要碰到灌砂筒，直到储砂筒内的砂不再下流时，将开关关闭，取下灌砂筒，称取筒内剩余砂的质量 m_3，准确至 1g。

③ 按下式计算填满标定罐所需砂的质量 m_a

$$m_a = m_1 - m_2 - m_3 \tag{3.1}$$

式中 m_a——标定罐中砂的质量（g）；

m_1——装入灌砂筒内的砂的总质量（g）；

m_2——灌砂筒下部圆锥体内砂的质量（g）；

m_3——灌砂入标定罐后，筒内剩余砂的质量（g）。

④ 重复上述测量三次，取其平均值。

⑤ 按下式计算量砂的密度 γ_s

$$\gamma_s = \frac{m_a}{V} \tag{3.2}$$

式中 γ_s——量砂的密度（g/cm^3）；

V——标定罐的体积（cm^3）。

5）检测步骤：

① 在测试地点，选一块平坦的表面，并将其清扫干净，其面积不得小于基板的面积。

② 将基板放在平坦表面上，当表面的粗糙度较大时，则将盛有量砂（m_5）的灌砂筒放在基板中间的圆孔上，将灌砂筒的开关打开，让砂流入试洞内，直到储砂筒内的砂不再下流时关闭开关。取下灌砂筒，并称量筒内砂的质量（m_6），准确至 1g。

③ 取走基板，并将留在试验地点的量砂收回，重新将表面清扫干净。

④ 将基板放回清扫干净的表面上（尽量放在原处），沿基板中孔凿洞（洞的直径与灌砂筒一致）。在凿洞过程中，应注意不使凿出的材料丢失，并随时将凿松的材料取出装入塑料袋中，不使水分蒸发。也可放在大试样盒内，试洞的深度应等于测定层厚度，但不得有下层材料混入，最后将洞内的全部凿松材料取出。对土基或基层，为防止试样盘内材料的水分蒸发，可分几次称取材料的质量。全部取出材料的总质量为 m_1，准确至 1g。

当需要检测厚度时，应先测量厚度后再进行这一步骤。

⑤ 从挖出的全部材料中取出有代表性的样品，放在铝盒或洁净的搪瓷盘中，测定其含水量（ω，以百分率计）。样品的数量如下：用小灌砂筒测定时，对于细粒土，不少

于 100g；对于各种中粒土，不少于 500g。用大灌砂筒测定时，对于细粒土，不少于 200g；对于各种中粒土，不少于 1000g；对于粗粒土或水泥、石灰、粉煤灰等无机结合料稳定材料，宜将取出的全部材料烘干，且不少于 2000g，称其质量 m_d，准确至 1g。

当为沥青表面处治或沥青贯入式结构类材料时，则省去测定含水量步骤。

⑥ 将基板安放在试洞上，将灌砂筒安放在基板中间（储砂筒内放满砂到要求质量 m_1），使灌砂筒的下口对准基板的中孔及试洞，打开灌砂筒的开关，让砂流入试洞内。在此期间，应注意不得碰动灌砂筒。直到储砂筒内的砂不再下流时，关闭开关，仔细取走灌砂筒，并称量筒内剩余砂的质量 m_4，则准确至 1g。

⑦ 如清扫干净的平坦表面粗糙度不大，可省去②和③的操作。在试洞挖好后，将灌砂筒直接对准放在试洞上，中间不需要放基板，打开筒的开关，让砂流入试洞内。在此期间，应注意不得碰动灌砂筒。直到储砂筒内的砂不再下流时，关闭开关，仔细取走灌砂筒，并称量剩余砂的质量 m_4'，准确至 1g。

⑧ 仔细取出试筒内的量砂，以备下次试验时使用。若量砂的湿度已发生变化或量砂中混有杂质，则应该重新烘干、过筛，并放置一段时间，使其与空气的湿度达到平衡后再用。

4. 计算

1）按下面各式分别计算填满试洞所用砂的质量：

① 灌砂时，试洞上放有基板时

$$m_b = m_1 - m_4 - (m_5 - m_6) \tag{3.3}$$

② 灌砂时，试洞上不放基板时

$$m_b = m_1 - m_4' - m_2 \tag{3.4}$$

式中　m_b——填满试洞的质量（g）；

m_1——灌砂前灌砂筒内砂的质量（g）；

m_2——灌砂筒下部圆锥体内砂的质量（g）；

m_4、m_4'——灌砂入试洞后，灌砂筒内剩余砂的质量（g）；

（$m_5 - m_6$）——灌砂筒下部圆锥体内及基板和粗糙表面之间砂的合计质量（g）。

2）按下式计算试验地点土的湿密度 ρ

$$\rho = \frac{m_t}{m_b} \times \rho_s \tag{3.5}$$

式中　m_t——试洞中取出的全部材料的质量（g）；

ρ_s——量砂的密度（g/cm^3）；

m_b——填满试洞所需砂的质量（g）；

ρ——土的湿密度（g/cm^3），计算至 0.01。

3）按下式计算土的干密度

$$\rho_d = \frac{\rho}{1 + 0.01\omega} \tag{3.6}$$

式中　ω——土的含水量（%）。

4）当为水泥、石灰、粉煤灰等无机结合料稳定材料时，可按下式计算干密度 ρ_d

$$\rho_d = \frac{m_d}{m_b} \times \gamma_s \tag{3.7}$$

式中　m_d——试洞中取出材料的烘干质量（g）。

5）按下式计算施工压实度

$$K = \frac{\rho_d}{\rho_c} \times 100\% \tag{3.8}$$

式中　K——测试地点的施工压实度（%）；

ρ_d——试样的干密度（%）；

ρ_c——由击实试验得到的试样的最大干密度（g/cm^3）。

当试洞材料与击实试验材料有较大差异时，可用试洞材料进行标准击实，求取实际的最大干密度。

5. 操作注意事项

1）灌砂筒内的量砂在重复使用时应烘干，并处理一致，否则会影响量砂的松方密度。若更换量砂，必须重测其松方密度。

2）在进行标定灌容积标定时，额外的水一定要擦干。

3）在挖洞时试洞周壁应笔直，避免出现上大下小或上小下大的情形，且不得使凿出的试样丢失，以免检测密度偏大或偏小。

6. 报告

各种材料的干密度均应准确至 0.01g/cm^3，记录格式见表 3.2。

表 3.2　压实度检测表（灌砂法）

分项工程	路面工程	单位工程	土基	最大干密度ρ_c	1.86g/cm^3
取样地点（桩号）					
灌入试筒前筒内砂质量 m_1/g					
灌砂筒下部圆锥体内砂的平均质量 m_2/g					
灌砂入试筒后筒内剩余砂质量 m_4、m'_4/g					
灌砂筒下部圆锥体内及基板和粗糙表面之间砂的合计质量 m_5-m_6/g					
填满试洞所需砂质量 m_b/g					
试洞中湿土质量 m_w/g					
湿密度ρ/（g/cm^3）					
含水量ω/%					
干密度ρ_d/（g/cm^3）					
压实度 K/%					

实训 4　环刀法测定压实度

1. 适用范围

环刀法适用于公路工程现场测定细粒土及无机结合料稳定细粒土的密度。但对无机结合料稳定细粒土，其龄期不宜超过 2d，且适用于施工过程中的压实度检验。由于取样深度较浅，故检测值偏大。

2. 设备与材料

人工取土器一套、天平一架、环刀、镐一个、小铁锹一把、修土刀一把、毛刷一个、直尺一把、钢丝锯一个、矿脂、木板及测定含水量设备。

3. 方法与步骤

1）擦净环刀，称取环刀质量 m_2，准确至 0.1g。

2）在试验地点，将面积 30cm×30cm 的地面清扫干净。并将压实层铲去表面浮动的及不平整的部分（要达到一定深度，使环刀垂直打下后能达到要求的取土深度，但不得将下层土扰动）。

3）将定向筒齿钉固定于铲平的地面上，顺次将环刀、环盖放入定向筒内与地面垂直。

4）将导杆保持垂直状态，用取土器落锤将环刀打入压实层中，至环盖顶面与定向筒上口齐平为止。

5）去掉击实锤和定向筒，用镐将环刀及试样挖出。

6）轻轻取下环盖，用修土刀从边至中削去环刀两端余土，用直尺检测直至修平为止。

7）擦净环刀外壁，用天平称取环刀及试样合计质量 m_1，准确至 0.1g。

8）从环刀中取出具有代表性的试样，测定其含水量ω。

4. 计算

按下列计算式计算湿密度及干密度

$$\rho = \frac{m_1 - m_2}{V}$$

$$\rho_d = \frac{\rho}{1 + 0.01\omega}$$

式中 ρ——湿密度（g/cm^3），计算至 0.01；

m_1——环刀与试样合计质量（g）；

m_2——环刀质量（g）；

V——环刀体积（cm^3）；

ρ_d——干密度（g/cm^3），计算至 0.01；

ω——含水率（%）。

5. 报告

相关数据填入表 4.1 中。

表 4.1 环刀法检测表

环刀号	A	B
m_2/g		
m_1/g		
试样质量/g		
湿密度/（g/cm^3）		
含水量/%		
干密度/（g/cm^3）		
平均干密度/（g/cm^3）		
压实度 K/%		

实训5　贝克曼梁测定路基回弹弯沉

1. 适用范围

本方法利用杠杆原理制成杠杆式弯沉仪，用于测定轮隙弯沉。适用于测定各类路基的回弹弯沉，用以评定其整体承载能力，供路面结构设计使用。

2. 设备与材料

1）标准车：双轴、后轴双侧4轮的载重车，其主要参数应符合表5.1的要求。标准车应采用后轴10t的标准轴载BZZ-100的汽车。

表5.1　测定弯沉用的标准车参数

标准轴载等级	BZZ-100
后轴标准轴载 P/kN	100±1
一侧双轮荷载/kN	50±0.5
轮胎充气压力/MPa	0.70±0.05
单轮传压面当量圆直径/cm	21.30±0.5
轮隙宽度	应能满足自由插入弯沉仪测头的测试要求

2）路面弯沉仪：由贝克曼梁、指示表及表架组成。贝克曼梁由合金铝制成，上有水准泡，其前臂（接触路面）与后臂（装指示表）的长度比为2∶1。弯沉仪的长度有两种：一种长3.6m，前后臂分别为2.4m和1.2m；另一种加长的弯沉仪长5.4m，前后臂分别为3.6m和1.8m。当在半刚性基层沥青路面或水泥混凝土路面上测定时，宜采用长度为5.4m的贝克曼梁弯沉仪，并采用BZZ-100标准车。弯沉采用指示表量得，也可用自动记录装置进行测量。

3）其他：皮尺、口哨、白油漆或粉笔、指挥旗等。

3. 方法与步骤

（1）准备工作

1）检查并保持测定用标准车的车况及制动性能良好，轮胎符合规定的充气压力。

2）向汽车车槽中装载铁块等集料，并在地磅上称量后轴质量，使其符合要求的轴重规定。汽车行驶及测定过程中，轴重不得变化。

3）测定轮胎接地面积：在平整光滑的硬质路面上用千斤顶将汽车后轴顶起，在轮胎下方铺一张新的复写纸，轻轻落下千斤顶，即在方格纸上印上轮胎印痕，用求积仪或数方格的方法测算轮胎接地面积，准确至0.1cm^2。

4）检查弯沉仪指示表测量灵敏情况。

（2）测试步骤

1）在测试路段布置测点，其距离随测试需要确定。测点应在路面行车车道的轮迹带上，并用白漆或粉笔画上标志。

2）将试验车后轮轮隙对准测点后，3～5cm 处的位置上。

3）将弯沉仪插入汽车后轮之间的缝隙处，与汽车方向一致，梁臂不得碰到轮胎，弯沉仪测头应置于测点上（轮隙中心前方 3～5cm 处），并安装指示表于弯沉仪的测定杆上。指示表调零，用手指轻轻叩打弯沉仪，检查指示表是否稳定回零。弯沉仪可以是单侧测定，也可以是双侧同时测定。

4）测定者吹哨发令指挥汽车缓缓前进，指示表随路面变形的增加而持续向前转动。当指示表指针转动到最大值时，迅速读取初读数 L_1。汽车仍在继续前进，指针反向回转，待汽车驶出弯沉影响半径（约 3m 以上）后，吹口哨或挥动指挥旗，汽车停止。待指针回转稳定后，再次读取终读数 L_2。汽车前进的速度宜为 5 km/h 左右。

4. 计算

1）路面测点的回弹弯沉值依下式计算

$$L_t = (L_1 - L_2) \times 2 \tag{5.1}$$

式中 L_t——在路面温度 t 时的回弹弯沉值，0.01mm；

L_1——汽车轮胎中心临近弯沉仪测头时指示表的最大读数，0.01 mm；

L_2——汽车驶出弯沉影响半径后指示表的终读数，0.01 mm。

2）结果评定。

① 按下式计算每一个评定路段的代表弯沉

$$L_r = \bar{L} + Z_a \cdot S \tag{5.2}$$

式中 L_r——一个评定路段的代表弯沉，0.01mm；

$\bar{L}$——一个评定路段内经各项修正后的各测点弯沉的平均值，0.01mm；

S——一个评定路段内经各项修正后全部测点弯沉的标准差，0.01mm；

Z_a——与保证率有关的系数，高速、一级公路，对于基层采用 Z_a=2.0，对于沥青混凝土面层采用 Z_a=1.645；二级、三级公路，对于基层采用 Z_a=1.645，对于沥青混凝土面层采用 Z_a=1.5。

当路基和柔性基层、底基层的弯沉代表值不符合要求时，可将超出 $\bar{L}\pm$（2～3）S 的弯沉特异值舍弃，重新计算平均值和标准差。对舍弃的弯沉值大于 $\bar{L}+$（2～3）S 的点，应找出其周围界限，进行局部处理。

② 弯沉代表值大于设计要求的弯沉值时，相应分项工程为不合格。

若在非不利季节测定时，应考虑季节影响系数。

若用两台弯沉仪同时进行左右轮弯沉值测定时，应按两个独立测点计，不能采用左右两点的平均值。

5．报告

报告应包括每一个评定路段的各测点弯沉的平均值、标准差及代表弯沉，记录格式见表 5.2。

表 5.2　回弹弯沉试验记录

路线名称　　　　　　　　　试验车型号　　　　　　环境温度　　　　　　　　路面温度

单轮传压面当量圆直径　　　后轴重　　　　　　　　车轮单位压力

检验者________　　　　　　计算者________　　　　校核者________　　　　　检验日期________

编号	测点桩号	指示表读数（0.001mm）				支点变形修正值（0.01mm）$(L_3-L_4)\times 6$	温度修正系数 K	回弹弯沉（0.01mm）	路况情况	计算结果
		初读数 L_1		终读数 L_2						
		左	右	左	右					
										$\bar{L}$ = S= L_r=

实训6　现场 *CBR* 值测试方法

1. 适用范围

CBR 试验所用试样的最大集料粒径小于 19mm，最大不得超过 31.5mm。适用于在公路现场测定各种土基材料的现场 *CBR* 值。

2. 设备与材料

1）载重装置：装载有铁块或集料等重物的载重汽车，后轴重不小于 60kN，在汽车大梁的后轴之后设有一加劲横梁作为反力架用。

2）现场测试装置：如图 6.1 所示，由千斤顶（机械或液压）、测力计（测力环或压力表）及球座组成。千斤顶应将贯入速度控制在 1mm/min；测力计的容量不小于土基强度，测定精度不小于测力量程的 1/100。

3）贯入杆：直径ϕ50mm，长约 200mm 的金属圆柱体。

4）承载板：每块 1.25kg，直径ϕ150mm，中心孔眼直径ϕ52mm，不少于 4 块，并沿直径分为两个半圆块。

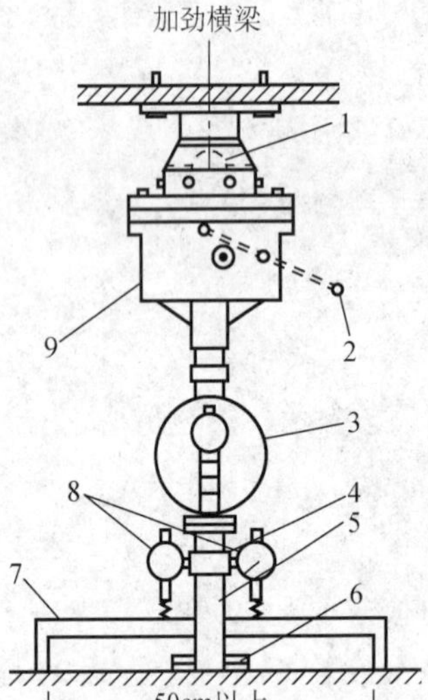

图 6.1　*CBR* 值现场测试装置

1-球座；2-手柄；3-测力计；4-指示表夹具；5-贯入杆；6-承载板；7-平台；8-指示表；9-加载千斤顶

5）贯入量测定装置：由图 6.1 所示的平台及指示表组成，指示表量程 20mm，精度 0.01mm，数量 2 个，对称固定于贯入杆上，端部与平台接触。平台跨度不小于 50cm。此设备也可用两台贝克曼梁弯沉仪代替。

6）细砂：洁净干燥的细干砂，粒径 0.3～0.6mm。

7）其他：铁铲、盘、直尺、毛刷、天平等。

3. 方法与步骤

（1）准备工作

1）将试验地点约直径为 30cm 的范围表面找平，用毛刷刷净浮土。如表面为粗粒土时，应撒布少许洁净的干砂填平，但不能覆盖全部土基，避免形成夹层。

2）千斤顶顶在汽车后轴上且调节至高

度适中，贯入杆应与土基表面紧密接触。

3）安装贯入量测定装置，将支架平台、指示表（或两台贝克曼梁弯沉仪）按图 6.1 安装好。

（2）测试步骤

1）在贯入杆位置安放 4 块 1.25kg 的分开成半圆的承载板（共 5kg）。

2）试验贯入前，先在贯入杆上施加 45N 的荷载后，将调节测力计及贯入量指示表调零，记录初始读数。

3）起动千斤顶，使贯入杆以 1mm/min 的速度压入土基，当相应于贯入量为 0.5mm、1.0mm、1.5mm、2.0mm、2.5mm、3.0mm、4.0mm、5.0mm、6.5mm、10.0mm 及 11.5mm 时，分别读取测力计读数。根据情况，也可在贯入量达 6.5mm 时结束测试。

用千斤顶连续加载，两个贯入量指示表及测力计均应在同时刻读数，当两个指示表读数不超过平均值的 30%时，以其平均值作为贯入量；当两个表读数差值超过平均值的 30%时，应停止试验。

4）卸除荷载，移去测定装置。

5）在试验点下取样，测定材料含水量。取样质量如下：最大粒径不大于 4.75mm，试样质量约 120g；最大粒径不大于 19.0mm，试样质量约 250g；最大粒径不大于 31.5mm，试样质量约 500g。

6）在紧靠试验点旁边的适当位置，用灌砂法或环刀法测定土基的密度。

4. 计算

1）将贯入试验得到的等级荷载值除以贯入截面面积（$19.625cm^2$），得到各级压强，绘制荷载压强-贯入量曲线，如图 6.2 所示。当图中曲线在起点处有明显凹凸的情况时，应在线的拐弯处作切线延长进行贯入量修正；以与坐标轴相交的点 O' 作原点，得到修正后的荷载压强-贯入量曲线。

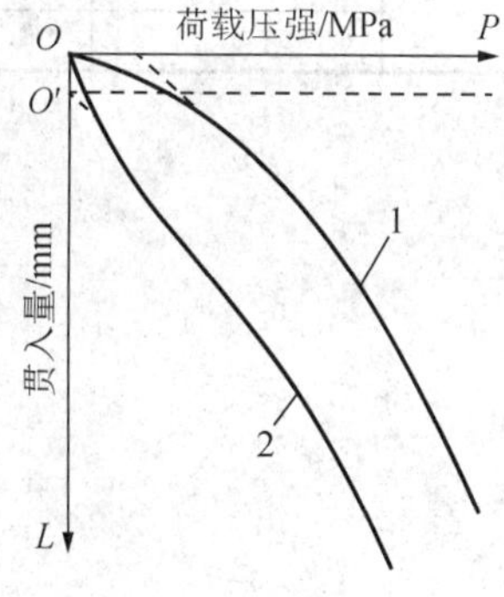

图 6.2　荷载压强-贯入量曲线

2）从荷载压强-贯入量曲线上读取贯入量为 2.5mm 及 5.0mm 时的荷载压强 P_1，计算现场 *CBR* 值。*CBR* 值一般以贯入量 2.5mm 时的测定值为准，当贯入量 5.0mm 时的 *CBR* 值大于 2.5mm 时的 *CBR* 值时，应重新试验；如重新试验仍然如此时，则以贯入量 5.0mm 时的 *CBR* 值为准。

$$\text{现场}CBR = \frac{P_1}{P_0} \times 100\% \tag{6.1}$$

式中　P_1——荷载压强（MPa）；

P_0——标准压强，当贯入量为 2.5mm 时取 7MPa，当贯入量为 5.0mm 时取 10.5MPa。

5. 报告

本试验数据记录见表 6.1。

表 6.1　现场 *CBR* 值测定记录表

路线和编号：　　　　　　　　　　　　　　　　　　路面结构：

测定层位：

承载板直径/cm：　　　　　　　　　　　　　　　　测定日期：　年　月　日

	预定贯入量/mm	贯入量指示表读数（0.01mm）			测力计读数	压强/MPa
		1	2	平均		
加载记录	0					
	0.5					
	1.0					
	1.5					
	2.0					
	2.5					
	3.0					
	4.0					

CBR 计算	贯入截面面积：　　　cm^2 相当于贯入量 2.5mm 时的荷载压强：标准压强=7MPa，$CBR_{2.5}$=　　　（%） 相当于贯入量 5.0mm 时的荷载压强：标准压强=10.5MPa，CBR_5=　　　（%） 试验结果现场 *CBR*=　　　（%）

		湿土质量/g	干土质量/g	水质量/g	含水量/%	平均含水量/%
含水量	1					
	2					

		试样湿质量/g	试样干质量/g	体积/cm^3	干密度/（g/cm^3）	平均干密度/（g/cm^3）
密度	1					
	2					

实训7　承载板测定土基回弹模量

1. 适用范围

本方法适用于在现场土基表面，用承载板对土基逐级加载、卸载，测出每级荷载下相应的土基回弹变形值，经过计算求得土基回弹模量，作为路面设计参数使用。

2. 设备与材料

1）加载设施：载有铁块或集料等重物，后轴重不小于60kN的载重汽车一辆，作为加载设备。在汽车大梁的后轴之后约80cm处，附设加劲横梁一根作为反力架，汽车轮胎充气压力0.50MPa。

2）现场测试装置，由千斤顶、测力计（测力环或压力表）及球座组成。

3）刚性承载板一块，板厚20mm，直径为ϕ30cm，直径两端设有立柱和可以调整高度的支座，供安放弯沉仪测头用。承载板安放在土基表面上。

4）路面弯沉仪两台，由贝克曼梁、指示表及其支架组成。

5）液压千斤顶一台（80～100kN），装有经过标定的压力表或测力环，其量程不小于土基强度，测定精度不小于测力计量程的1%。

6）秒表、水平尺、细砂、毛刷、垂球、镐、铁锹、铲等。

3. 方法与步骤

（1）准备工作

1）根据需要选择有代表性的测点，测点应位于水平的路基上，路基土质均匀，不含杂物。

2）仔细平整土基表面，撒干燥洁净的细砂填平凹处，砂子不可覆盖全部土基表面，避免形成夹层。

3）安置承载板，并用水平尺进行校正，使承载板处于水平状态。

4）将试验车置于测点上，在加劲小梁中部悬挂垂球进行测试，使其恰好对准承载板中心，然后收起垂球。

5）在承载板上安装千斤顶，上面衬垫钢圆筒、钢板，并将球座置于顶部与加劲横梁接触。如用测力环时，应将测力环置于千斤顶与横梁中间，千斤顶及衬垫物必须保持垂直，以免加压时千斤顶倾倒发生事故并影响测试数据的准确性。

6）安放弯沉仪，将两台弯沉仪的测头分别置于承载板立柱的支座上，指示表对零或处于其他合适的初始位置上。

（2）测试步骤

1）用千斤顶开始加载，注视测力环或压力表，预压 0.05MPa，稳压 1min，使承载板土基紧密接触；同时，检查指示表的工作情况是否正常，然后松开千斤顶液压门卸载，稳压 1min 后，将指针对零或记录初始读数。

2）测定土基的压力-变形曲线，用千斤顶加载，采用逐级加载卸载法，用压力表或测力环控制加载量。荷载小于 0.1MPa 时，每级增加 0.02MPa，以后每级增加 0.04MPa 左右。为了使加载和计算方便，加载数值可适当调整为整数，每次加载至预定荷载（P）后，稳定 1min，立即读记两台弯沉仪指示表数值；然后轻轻松开千斤顶液压门卸载至 0，待卸载稳定 1min 后再次读数。每次卸载后指示表不再对零。当两台弯沉仪指示表读数之差小于平均值的 30%时，取平均值，如超过 30%则应重测。当回弹变形值超过 1mm 时，即可停止加载。

3）各级荷载的回弹变形和总变形，按以下方法计算

回弹变形 L=（加载后读数平均值－卸载后读数平均值）×弯沉仪杠杆比

总变形 L' =（加载后读数平均值－加载初始前读数平均值）×弯沉仪杠杆比

4）测定总影响量α。最后一次加载卸载循环结束后，取走千斤顶，重新读取指示表初读数；然后将汽车开出 10m 以外，读取终读数，两只指示表初、终读数差的平均值即为总影响量α。

5）在试验点下取样，测定材料含水量，取样质量如下：最大粒径不大于 4.75mm，试样质量约 120g；最大粒径不大于 19mm，试样质量约 250g；最大粒径不大于 31.5mm，试样质量约 500g。

6）在紧靠试验点旁边的适当位置，用灌砂法或环刀法等测定土基的密度。

4. 计算

1）各级压力的回弹变形值加上该级的影响量后，则为计算回弹变形值。表 7.1 是以后轴重 60kN 的标准车为测试车的各级荷载影响量的计算值。当使用其他类型的测试车时，各级压力下的影响量 α_i 按下式计算

$$\alpha_i = \frac{(T_1 + T_2)\pi D^2 P_i}{4T_1 Q} \times \alpha \tag{7.1}$$

式中 α——总影响量（0.01mm）；

T_1——测试车前后轴距（m）；

T_2——加劲小梁中点距后轴距离（m）；

D——承载板直径（m）；

Q——测试车后轴重（N）；

P_i——各级荷载下的承载板压力（Pa）；

α_i——该级压力的分级影响量（0.01 mm）。

表 7.1　各级荷载影响量（后轴 60kN 车）

承载板压力/MPa	0.05	0.1	0.15	0.2	0.3	0.4	0.5
影响量α	0.06	0.12	0.18	0.24	0.36	0.48	0.60

2）将各级计算回弹变形值点绘于标准计算纸上，排除显著偏离的异常点并绘出顺滑的 P～L 曲线。如曲线起始部分出现反弯，应按图 7.1 所示修正原点 O，O' 则是修正的原点。

3）按下式计算相当于各级荷载下的土基回弹模量 E_i 值

$$E_i=\frac{\pi D}{4}\cdot\frac{P_i}{L_i}\left(1-\mu_0^2\right) \tag{7.2}$$

式中　E_i——相应于各级荷载下土基回弹模量（MPa）；

μ_0——土的泊松比，根据相关设计规范选用；

D——承载板直径，30cm；

P_i——承载板单位压力（MPa）；

L_i——相对于荷载 P_i 时的计算回弹变形值(cm)。

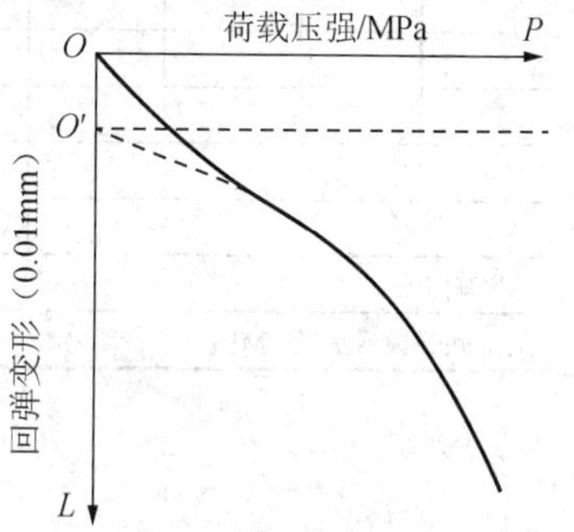

图 7.1　修正原点示意图

4）取结束试验前的各回弹变形值按线性回归方法由 下式计算土基回弹模量 E_0 值

$$E_0=\frac{\pi D}{4}\cdot\frac{\sum P_i}{\sum L_i}\left(1-\mu_0^2\right) \tag{7.3}$$

式中　E_0——土基回弹模量（MPa）；

μ_0——土的泊松比，根据相关设计规范选用；

L_i——各级荷载下的实测弯沉值（cm）；

P_i——对应于 L_i 的各级压力值。

5. 报告

报告应记录下列结果：

1）试验时所采用的汽车类型。

2）近期天气情况。

3）试验时土基的含水量（%）。

4）土基密度和压实度。

5）相应于各级荷载下的土基回弹模量 E_i 值。

6）土基回弹模量 E_0 值（MPa）。

记录格式见表 7.2。

表 7.2　承载板测定记录

路线和编号:									路面结构:	
测定层位:									测定用汽车型号:	
承载板直径/cm:									测定日期：　年　月　日	
千斤顶读数	荷载 P/kN	承载板压力 P/MPa	指示表读数（0.01 mm）			总变形（0.01mm）	回弹变形（0.01mm）	分级影响量（0.01mm）	计算回弹变形（0.01mm）	E_i/MPa
			加载前	加载后	卸载后					
总影响量 α										
土基回弹模量 E_0 值/MPa										

实训8　EDTA滴定法用于水泥剂量的测定

1. 适用范围

1）本试验方法适用于在工地快速测定水泥和石灰稳定土中水泥与石灰的剂量，并可用以检查拌和的均匀性。用于稳定的土可以是细粒土，也可以是中粒土和粗粒土。本方法不受水泥和石灰稳定土龄期（7d 以内）的影响。工地水泥和石灰稳定土含水量的少量变化（±2%），实际上不影响测定结果。用本方法进行一次剂量测定，只需 10min 左右。

2）本方法也可以用来测定水泥和石灰稳定土中结合料的剂量。

2. 设备与材料

1）滴定管（酸式）：50mL，1 支。

2）滴定台：1 个。

3）滴定管夹：1 个。

4）大肚移液管：10mL，10 支。

5）锥形瓶（即三角瓶）：200mL，20 个。

6）烧杯：2000mL（或 1000mL），1 只；300mL，10 只。

7）容量瓶：1000mL，1 个。

8）搪瓷杯：容量大于 1200mL，10 只。

9）不锈钢棒（或粗玻璃棒）：10 根。

10）量筒：100mL 和 5mL，各 1 只；50mL，2 只。

11）棕色广口瓶：60mL，1 只（装钙红）。

12）托盘天平：称量 500g、感量 0.5g 和称量 100g、感量 0.1g，各 1 台。

13）秒表：1 只。

14）表面皿：ϕ9cm，10 个。

15）研钵：ϕ（12～13）cm，1 个。

16）土样筛：筛孔 2.0mm 或 2.5mm，1 个。

17）洗耳球：1 个。

18）精密试纸：pH12～pH14。

19）聚乙烯桶：20L，1 个（装蒸馏水）；10L，2 个（装氯化铵及 EDTA 二钠标准液）；5L，1 个（装氢氧化钠）。

20）毛刷、去污粉、吸水管、塑料勺、特种铅笔、厘米纸。

21）洗瓶（塑料）：500mL，1 只。

3. 试剂

1）0.1mol/m^3乙二胺四乙酸二钠（简称EDTA二钠）标准液：准确称取EDTA二钠（分析纯）37.226g，用微热的无二氧化碳蒸馏水溶解，待全部溶解并冷却至室温后，定容至1000mL。

2）10%氯化铵（NH_4Cl）溶液：将500g氯化铵（分析纯或化学纯）放在10L聚乙烯桶内，加蒸馏水4500mL，充分振荡，使氯化铵完全溶解。也可以分批在1000mL的烧杯内配制，然后倒入塑料桶内摇匀。

3）1.8%氢氧化钠（内含三乙醇胺）溶液：用100g架盘天平称18g氢氧化钠（NaOH，分析纯），放入洁净干燥的1000mL烧杯中，加入1000mL蒸馏水使其全部溶解，待溶解冷却至室温后，加入2mL三乙醇胺（分析纯），搅拌均匀后储于塑料桶中。

4）钙红指示剂：将0.2g钙试剂羟酸钠（分子式$C_{21}H_{13}O_7N_2SNa$，分子量460.39）与20g预先在105℃烘箱中烘1h的硫酸钾混合，一起放入研钵中，研成极细粉末，储于棕色广口瓶中，以防吸潮。

4. 准备标准曲线

1）取样：取工地用石灰和集料，风干后分别过2.0mm或2.5mm筛，用烘干法或酒精燃烧法测其含水量（如为水泥可假定其含水量为0）。

2）混合料组成的计算：

① 计算式

$$干料质量=湿料质量/（1+含水量）$$

② 计算步骤：

a. 求干混合料质量=300g/（1+最佳含水量）

b. 干土质量=干混合料质量/（1+石灰或水泥剂量）

c. 干石灰或水泥质量=干混合料质量-干土质量

d. 湿土质量=干土质量×（1+土的风干含水量）

e. 湿石灰质量=干石灰×（1+石灰的风干含水量）

f. 石灰土中应加入的水=300g-湿土质量-湿石灰质量

3）准备5种试样，每种2个样品（以水泥集料为例）：

① 第1种：称2份300g集料分别放在2个搪瓷杯内，集料的含水量应等于工地预期达到的最佳含水量。集料中所加的水应与工地所用的水相同（300g为湿质量）。

② 第2种：准备2份水泥剂量为2%的水泥土混合料试样，每份均重300g，并分别放在2个搪瓷杯内。水泥土混合料的最佳含水量应等于工地预期达到的最佳含水量。混合料中所加的水应与工地所用的水相同。

③ 第3种、第4种、第5种：各准备2份水泥剂量分别为4%、6%、8%的水泥土混合料试样，每份均重300g，并分别放在6个搪瓷杯内，其他要求同第1种。

注：如为细粒土，则每份的质量可以减为100g。在此，准备标准曲线的水泥剂量为0、2%、4%、6%和8%，实际工作中应使工地实际所用水泥或石灰的剂量位于准备标准曲线时所用剂量的中间。

4）取一个盛有试样的搪瓷杯，在杯内加 600mL10%氯化铵溶剂，用不锈钢搅拌棒充分搅拌 3min（每分钟搅拌 110～120 次）。如水泥（或石灰）土混合料中的土是细粒土，也可以用 1000mL 三角瓶（有塞子）代替搪瓷杯，手握三角瓶（瓶口向上）用力振荡 3min（每分钟 120 次±5 次），以代替搅拌棒搅拌。放置沉淀 4min［如 4min 后得到的是混浊悬浮液，则应增加放置沉淀时间，直到出现澄清悬浮液为止，并记录所需的时间，以后所有该种水泥（或石灰）土混合料的试验，均应以同一时间为准］，然后将上部清液转移到 300mL 烧杯内，搅匀，加盖表面皿待测。

注：当仅用 100g 混合料时，只需 200mL10%氯化铵溶液。

5）用移液管吸取上层（液面下 1～2cm）悬浮液 10.0mL。放入 200mL 的三角瓶内，用量筒量取 50mL8%氢氧化钠（内含三乙醇胺）倒入三角瓶中，此时溶液 pH 为 12.5～13.0（可用 pH12～pH14 精密试纸检验）；然后加入钙红指示剂（体积约为黄豆大小），摇匀，溶剂呈玫瑰红色。用 EDTA 二钠标准液滴定到纯蓝色为终点，记录 EDTA 二钠的消耗量（以 mL 计，读至 0.1mL）。

6）对其他几个搪瓷杯中的试样，用同样的方法进行试验，并记录各自 EDTA 二钠的消耗量。

7）以同一水泥或石灰剂量稳定材料 EDTA 二钠标准溶液消耗量的平均值为纵坐标，以水泥或石灰剂量（%）为横坐标制图。两者的关系应是一根顺滑的曲线，如图 8.1 所示。如素集料或水泥或石灰改变，必须重做标准曲线。

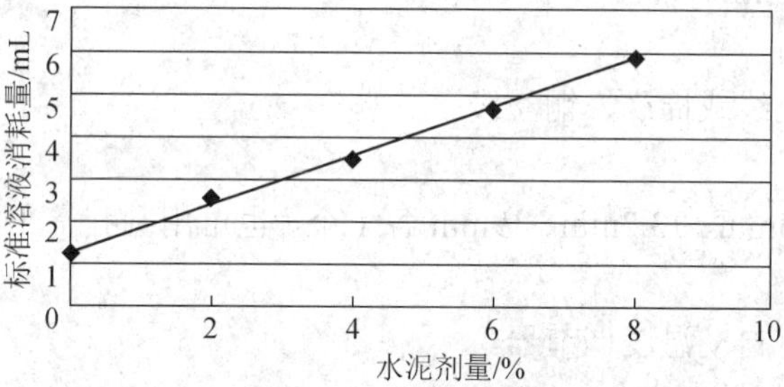

图 8.1　标准曲线

5. 方法与步骤

1）选取有代表性的水泥土或石灰土混合料，称 300g 放在搪瓷杯中。用搅拌棒将结块搅散，加 600mL10%氯化铵溶液，然后如前述步骤进行试验。

2）利用所绘制的标准曲线，根据 EDTA 二钠标准溶液消耗量，确定混合料中的水泥或石灰剂量。

6. 注意事项

1）每个样品搅拌的时间、速度和方式应力求相同，以增加试验的精度。

2）做标准曲线时，如工地实际水泥剂量较大，素集料和低剂量水泥的试样可以不做试验，而直接用较高的剂量做试验，但应有两种剂量大于实用剂量，以及两种剂量小于实用剂量。

3）配制的氯化铵溶液最好当天用完，不要放置过久，以免影响试验的精度。

实训 9　沥青与矿料的黏附性检测

1. 适用范围

本方法适用于测定沥青与矿料的黏附性及评定集料的抗水剥离能力。根据沥青混合料的最大集料粒径，对于大于 13.2mm 及小于（或等于）13.2mm 的集料分别选用水煮法或水浸法进行试验。对同一种料源既有大于又有小于 13.2mm 不同粒径的集料时，取大于 13.2mm 水煮法试验为标准，对细粒式沥青混合料以水浸法试验为标准。

2. 设备与材料

1）天平：称量 500g，感量不大于 0.01g。

2）恒温水槽：能保持温度（80±1）℃。

3）拌和用小型容器：500mL。

4）烧杯：1000mL。

5）试验架。

6）细线：尼龙线或棉线、铜丝线。

7）铁丝网。

8）标准筛：9.5mm、13.2mm、19mm 各 1 个（也可用圆孔筛 10 mm、15 mm、25 mm 代替）。

9）烘箱：装有自动温度调节器。

10）电炉、燃气炉。

11）玻璃板：200 mm×200 mm 左右。

12）搪瓷盘：300 mm×400 mm 左右。

13）其他：拌和铲、石棉网、纱布、手套等。

3. 方法与步骤（水煮法试验）

（1）准备工作

1）将集料用 13.2mm、19mm 过筛，取粒径 13.2～19mm 形状接近立方体的规则集料 5 个，用洁净水洗净，置温度为（105±5）℃的烘箱中烘干，然后放在干燥器中备用。

2）将大烧杯中盛水，并置于加热炉的石棉网上煮沸。

（2）检测步骤（图 9.1）

1）将集料逐个用细线在中部系牢，置于（105±5）℃烘箱内 1h，同时准备沥青试样。

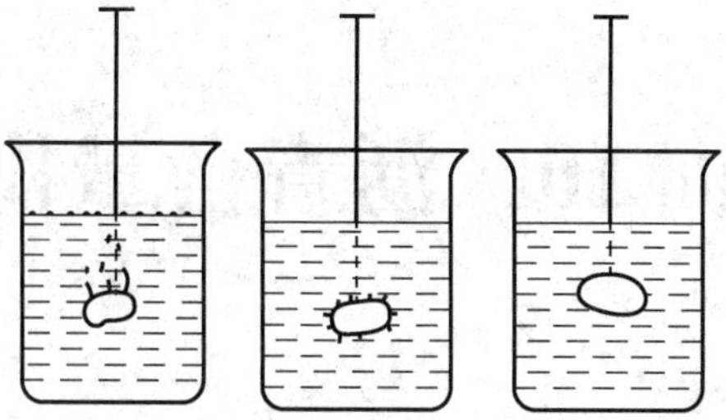

图 9.1　水煮法试验

2）逐个取出加热的矿料颗粒用线提起，浸入预先加热的沥青（石油沥青 130～150℃、煤沥青 100～110℃）试样中 45s 后，轻轻拿出，使集料颗粒完全为沥青膜所裹覆。

3）将裹覆沥青的集料颗粒悬挂于试验架上，下面垫一张纸，使多余的沥青流掉，并在室温下冷却 15min。

4）待集料颗粒冷却后，逐个用线提起，浸入有沸水的大烧杯中央，调整加热炉，使烧杯与水保持微沸状态，不允许有沸开的泡沫。

5）浸煮 3min 后，将集料从水中取出，观察矿料颗粒上沥青膜的剥落程度，并按表 9.1 评定其黏附性等级。

6）同一试样应平行试验 5 个集料颗粒，由两名以上经验丰富的试验人员分别评定后，取平均等级作为试验结果（表 9.1）。

表 9.1　沥青与集料黏附性的等级评定

试验后石料表面上沥青膜剥落情况	黏附性等级
沥青膜完全保存，剥离面积百分率接近于 0	5
沥青膜少部分被水移动，厚度不均匀，剥离面积百分率小于 10%	4
沥青膜局部明显地被水移动，基本保留在石料表面上，剥离面积百分率小于 30%	3
沥青膜大部分被水移动，局部保留在石料表面上，剥离面积百分率小于 30%	2
沥青膜完全被水移动，石料基本裸露，沥青全浮于水面上	1

实训 10　沥青含量检测

1. 适用范围

1）本方法采用离心分离法测定用黏稠石油沥青拌制的热拌沥青混合料中沥青的含量（或油石比）。

2）本方法适用于热拌热铺沥青混合料路面施工时的沥青用量检测，以评定拌和厂产品质量。此方法也适用于旧路调查时检测沥青混合料的沥青用量，用此方法抽提的沥青溶液可以用于回收沥青，以评定沥青的老化性质。

图 10.1　离心抽提仪

2. 设备与材料

1）离心抽提仪：如图 10.1 所示，由试样容器及转速不小于 3000r/min 的离心分离器组成，分离器备有滤液出口。容器盖与容器之间用耐油的圆环形滤纸密封。滤液通过滤纸排出后从出口流出收入回收瓶中，仪器必须安放稳固并有排风装置。

2）圆环形滤纸。

3）回收瓶：容量 1700mL 以上。

4）压力过滤装置。

5）感量不大于 0.01g、1mg 的天平各一台。

6）量筒：最小分度 1mL。

7）电烘箱：装有温度自动调节器。

8）三氯乙烯：工业用。

9）碳酸铵饱和溶液：供燃烧法测定滤纸中的矿粉含量用。

10）小铲、金属盘、大烧杯等。

3. 方法与步骤

（1）准备工作

1）按规定的沥青混合料取样方法，在拌和厂从运料卡车上采取沥青混合料试样，放在金属盘中适当拌和，待温度稍下降后（至 100℃以下时），用大烧杯取混合料试样质量 1000～1500g（粗粒式沥青混合料用高限、细粒式用低限、中粒式用中限），准确至 0.1g，记为 m。

2）如果试样是路上用钻机法或切割法取得的，应用电风扇吹风使其完全干燥，置微波炉或烘箱中适当加热后呈松散状态取样，但不得用锤击以防集料破碎。

（2）试验步骤

1）向装有试样的烧杯中注入三氯乙烯溶液，将其浸没，浸泡 30min，用玻璃棒适当搅动混合料，使沥青充分溶解。也可直接在离心分离器中浸泡。

2）将混合料及溶液倒入离心分离器，用少量溶液将烧杯及玻璃棒上的黏附物全部洗入分离容器中。

3）称取洁净的圆环形滤纸质量，准确至 0.01g。注意，滤纸不宜多次反复使用，有破损的不能使用，有石粉黏附时应用毛刷清除干净。

4）将滤纸垫在分离器边缘上，加盖紧固，在分离器出口处放上回收瓶，上口应注意密封，防止流出液散失。

5）开动离心机，转速逐渐增至 3000r/min，沥青溶液通过排出口注入回收瓶中，待流出停止后停机。

6）从上盖的孔中加入新溶液，数量大体相同，稍停 3～5min 后，重复上述操作，如此数次直至流出的抽提液呈清澈的淡黄色为止。

7）卸下上盖，取下圆环形滤纸，在通风橱或室内空气中蒸发干燥。然后放入 105℃±5℃的烘箱中干燥，称取质量，其增重部分（m_2）为矿粉的一部分。

8）将容器中的集料仔细取出，在通风橱或室内空气中蒸发后放入 105℃±5℃烘箱中烘干（一般需 4h），然后放入大干燥器中冷却至室温，称取集料质量（m_1）。

9）用压力过滤器过滤回收瓶中的沥青溶液，由滤纸的增重 m_3 得出泄漏入滤液中的矿粉质量，如无压力过滤器时，也可用燃烧法测定。

10）用燃烧法测定抽提液中矿粉质量的步骤如下：

① 将回收瓶中的抽提液倒入量筒中，准确定量至 V_a。

② 充分搅匀抽提液，取出 10mL（V_b）放入坩埚中，在热浴上适当加热使溶液试样发成暗黑色后，置高温炉（500～600℃）中烧成残渣，取出坩埚冷却。

③ 向坩埚中按每 1g 残渣 5mL 的用量比例，注入碳酸铵饱和溶液，静置 1h，放入 105℃±5℃烘箱中干燥。

④ 取出放在干燥器中冷却，称取残渣质量（m_4），准确至 1mg。

4. 计算

1）沥青混合料中矿料的总质量按式（10.1）计算

$$m_a = m_1 + m_2 + m_3 \tag{10.1}$$

式中　m_a——沥青混合料中矿料部分的总质量（g）；

m_1——容器中留下的集料干燥质量（g）；

m_2——圆环形滤纸在试验前后的增重（g）；

m_3——泄漏入抽提液中的矿粉质量，用燃烧法时可按式（10.2）计算

$$m_3 = m_4 \times \frac{V_a}{V_b} \tag{10.2}$$

式中　V_a——抽提液的总量（mL）；

V_b——取出的燃烧干燥的抽提液数量（mL）；

m_4——坩埚中燃烧干燥的残渣质量（g）。

2）沥青混合料中的沥青含量按式（10.3）计算，油石比按式（10.4）计算

$$P_b = (m - m_a)/m \tag{10.3}$$

$$P_a = (m - m_a)/m \tag{10.4}$$

式中 m——沥青混合料的总质量（g）；

P_b——沥青混合料的沥青含量（%）；

P_a——沥青混合料的油石比（%）。

5. 报告

同一沥青混合料试样至少平行试验两次，取平均值作为试验结果。两次试验结果的差值应小于 0.3%，当大于 0.3%但小于 0.5 %时，应补充平行试验一次。以 3 次试验的平均值作为试验结果，3 次试验的最大值与最小值之差不得大于 0.5%。

实训 11　检测沥青面层压实度（钻芯法）

1. 适用范围

钻芯法适用于检验从压实的沥青路面上钻取的芯样试件的密度，以评定沥青混凝土面层的施工压实度。

2. 设备与材料

1）路面取芯钻机。

2）天平：感量不大于 0.1g。

3）水槽。

4）其他：吊篮、卡尺、石蜡、毛刷、小勺、取样袋（容器）、电风扇。

3. 方法与步骤

（1）钻取芯样

按《公路路基路面现场测试规程》（JTG E60—2008）的规定钻取路面芯样，芯样直径不宜小于ϕ100mm。当一次钻孔取得的芯样包含有不同层位的沥青混合料时，应根据结构组合情况用切割机将芯样沿各层结合面锯开分层进行测定。

钻孔取样应在路面完全冷却后进行，对普通沥青路面通常在第二天取样，对改性沥青及 SMA 路面宜在第三天以后取样。

（2）测定试件密度

1）将钻取的试件在水中用毛刷轻轻刷净黏附的粉尘。如试件边角有浮松颗粒，应仔细清除。

2）将试件晾干或用电风扇吹干不少于 24h，直至恒重。

3）按照《公路工程沥青及沥青混合料试验规程》（JTG E20—2011）的规定测定试件密度ρ_s。通常情况下采用表干法测定试件的毛体积相对密度；对吸水率大于 2%的试件，宜采用蜡封法测定试件的毛体积相对密度；对吸水率小于 0.5%的特别致密的沥青混合料，在施工质量检测时，允许采用水中重法测定表观相对密度。

① 当试件的吸水率小于 0.5%时，采用水中重法或表干法测定：

水中重法

$$V=\frac{m_a-m_w}{\rho_w}$$

表干法

$$V = \frac{m_f - m_w}{\rho_w}$$

② 当吸水率大于2%时，用蜡封法测定：

圆柱体试件的毛体积

$$V = \frac{\pi d^2}{4} h$$

棱柱体试件的毛体积

$$V = Lbh$$

③ 对空隙率很大的透水性混合料及开级配混合料用体积法测定。

试件的表观密度或毛体积密度

$$\rho_s = \frac{m_a}{V} \tag{11.1}$$

式中 ρ_s——试件的表观密度或毛体积密度（g/cm^3）；

m_a——试件在空气中的质量（g）；

m_f——试件的表干质量（g），是指试件从水中取出，用湿毛巾轻轻擦去试体表面水后称取的质量；

m_w——试件的水中质量，是指试件于网篮中浸水3～5min后称取的水中质量；

ρ_w——常温水的密度，约为$1g/cm^3$；

d——圆柱体试件的直径（cm）；

h——试件的高度（cm）；

L——试件的长度（cm）；

b——试件的宽度（cm）。

4）根据《公路沥青路面施工技术规范》（JTG F40—2004）的规定，确定计算压实度的沥青混合料标准密度。

4. 计算

1）当计算压实度的沥青混合料标准密度采用马歇尔击实试件的成型密度或试验路段钻孔取样的密度时，沥青面层的压实度按下式计算

$$K = \frac{\rho_s}{\rho_0} \times 100\% \tag{11.2}$$

式中 K——沥青面层的压实度（%）；

ρ_s——沥青混合料芯样试件的表观密度或毛体积密度（g/cm^3）；

ρ_0——沥青混合料的标准密度（g/cm^3）。

2）当计算压实度的沥青混合料标准密度采用最大理论密度时，沥青面层的压实度按下式计算

$$K=\frac{\rho_s}{\rho_t}\times 100\% \tag{11.3}$$

式中　K——沥青面层的压实度（%）；

ρ_s——沥青混合料芯样试件的实际密度（g/cm^3）；

ρ_t——沥青混合料的最大理论密度（g/cm^3）。

3）按照《公路路基路面现场测试规程》（JTG E60—2008）附录B的规定计算一个评定路段检测的压实度的平均值、标准值、变异系数，并计算代表压实度。

5. 报告

压实度检测报告应记载压实度检查的标准密度，并列表表示各测点的试验结果，见表11.1。

表 11.1　压实度检测报告（钻芯法）

工程名称×××　水的密度 1.00g/cm³　标准密度 2.48g/cm³　最佳沥青含量 4.8%

检验者______　计算者______　校核者______　试验日期______

测点桩号	取样位置	路面层次	试样编号	试样质量 m_a/g	试样表干质量 m_f/g	试样水中质量 m_w/g	试样体积 V/cm³	毛体积密度或表观密度 ρ_s/（g/cm³）	压实度 K/%
K10+500	K10+300～K14+300	1m	1						
+300		1.5m	2						
K12+800		9.5m	3						
+700		1.5m	4						
K13+600		10m	5						
+300		1m	6						

6. 数据分析

压实度检测结果汇总见表11.2，并进行质量评定。

表 11.2　压实度检测结果汇总

序号	1	2	3	4	5	6	7	8	9	10
压实度/%										95.6
序号										20
压实度/%										95.3

实训 12　沥青路面渗水系数检测

1. 适用范围

本方法适用于在路面现场测定沥青路面的渗水系数。

2. 设备与材料

1）渗水仪：渗水仪结构如图 12.1 所示，上部盛水量筒由透明有机玻璃制成，容积 600mL，上有刻度，在 100 mL 和 500 mL 处有粗标线，下方通过ϕ10 mm 的细管与底座相连，中间有一开关（阀门）。量筒通过支架联结，底座下方开口的内径为 150mm，外径为 165mm。仪器附压重钢圈 2 个，每个质量约为 5kg，内径为 160mm。

2）水筒、大漏斗、秒表、水、红墨水、粉笔、扫帚等。

3）密封材料：防水腻子、油灰或橡皮泥。

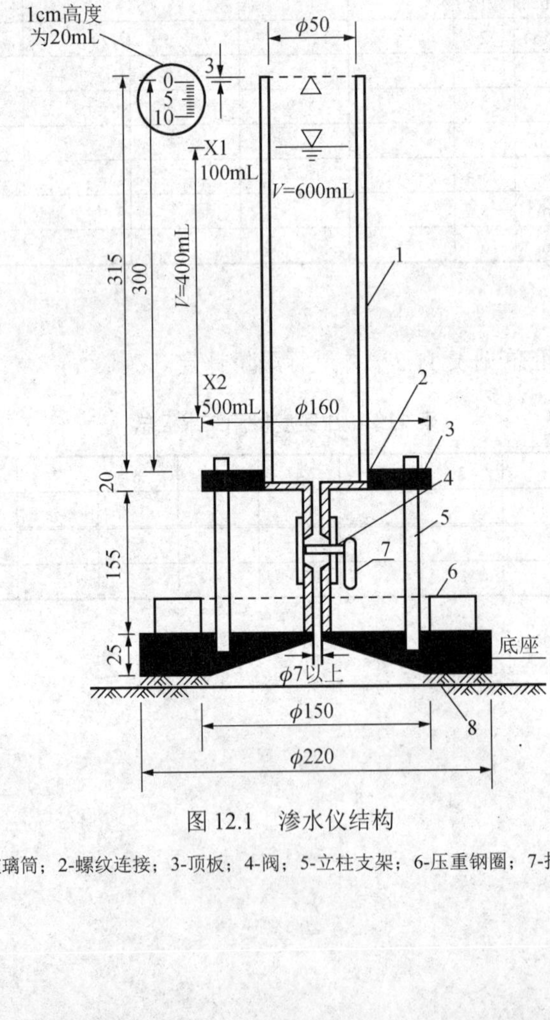

图 12.1　渗水仪结构

1-透明有机玻璃筒；2-螺纹连接；3-顶板；4-阀；5-立柱支架；6-压重钢圈；7-把手；8-密封材料

3. 准备工作

1）在测试路面的行车道上，按随机取样方法选择测试位置，每一个检测路段应测定 5 个点。用扫帚清扫表面，并用粉笔画上测试标志。

2）在洁净的水桶内滴几滴红墨水，使水呈淡红色。

3）装好渗水仪。

4. 方法与步骤

1）将塑料圈置于试件中央或者路面表面的测点上，用粉笔分别沿塑料圈的内侧和外侧画上圈，在外环和内环之间的部分就是需要用密封材料进行密封的区域。

2）用密封材料对环状密封区域进行密封处理，注意不要使密封材料进入内圈。如果密封材料不小心进入内圈，必须用刮刀将其刮走；然后再将搓成拇指粗细的条状密封材料摞在环状密封区域的中央，并且摞成一圈。

3）将渗水仪放在试件或者路面表面的测点上，注意使渗水仪的中心尽量和圆环中心重合；然后略微使劲将渗水仪压在条状密封材料表面，再将配重加上，以防压力水从底座与路面间流出。

4）将开关关闭，向量筒中注满水，然后打开开关，使量筒中的水下流排出渗水仪底部内的空气。当量筒中水面下降速度变慢时，用双手轻压渗水仪使渗水仪底部的气泡全部排出。关闭开关，并再次向量筒中注满水。

5）将开关打开，待水面下降至 100mL 刻度时，立即开动秒表开始计时，每间隔 60s，读记仪器管的刻度一次，至水面下降 500mL 时为止。测试过程中，如水从底座与密封材料之间渗出，说明底座与路面密封不好，应移至附近干燥路面处重新操作。如果水面下降速度较慢，则测定 3min 的渗水量即可停止；如果水面下降速度较快，在不到 3min 的时间内到达了 500mL 刻度线，则记录到达 500mL 刻度线时的时间；若水面下降至一定程度后基本保持不动，说明基本不透水或根本不透水（在报告中注明）。

6）按以上步骤在同一个检测路段选择 5 个测点测定渗水系数，取其平均值作为检测结果。

5. 计算

沥青路面的渗水系数按式（12.1）计算。计算时以水面从 100mL 下将至 500mL 所需要的时间为标准，若渗水时间过长，亦可采用 3min 通过的水量计算

$$C_w = \frac{V_2 - V_1}{t_2 - t_1} \times 60 \tag{12.1}$$

式中　C_w——路面渗水系数（mL/min）；

V_1——第一次读数时的水量（mL），通常为 100mL；

V_2——第二次读数时的水量（mL），通常为 500mL；

t_1——第一次读数时间（s）；

t_2——第二次读数时间（s）。

6. 报告

路面渗水系数试验记录见表 12.1。

表 12.1　路面渗水系数试验记录

路段桩号　　　　　　　　路面类型　　　　　　　　试验日期

试验者______　　　　　　计算者______　　　　　　校核者______

<table>
<tr><td colspan="2">测试地点</td><td rowspan="2">路面描述</td><td colspan="7">量筒读数/mL</td><td rowspan="2">渗水系数/（mL/min）</td><td rowspan="2">备注</td></tr>
<tr><td>桩号</td><td>横距/m</td><td>0</td><td>30″</td><td>1′</td><td>1′30″</td><td>2′</td><td>2′30″</td><td>3′</td></tr>
<tr><td></td><td></td><td></td><td></td><td></td><td></td><td></td><td></td><td></td><td></td><td></td><td></td></tr>
<tr><td colspan="2">测点数</td><td></td><td colspan="3">频率/（点/km）</td><td></td><td colspan="4">渗水系数规范要求</td><td></td></tr>
<tr><td colspan="2">平均渗水系数/（mL/min）</td><td></td><td colspan="3">最大渗水系数/（mL/min）</td><td></td><td colspan="4">合格率/%</td><td></td></tr>
</table>

实训 13　沥青路面构造深度检测

1. 适用范围

本方法适用于测定沥青路面（及水泥混凝土路面）的表层构造深度，用以评定路面的宏观粗糙度、路面表层的排水性能及抗滑性能。构造深度的检测频率按每 200m 检测一处。

2. 设备与材料

1）人工铺砂仪：由圆筒、推平板组成。

① 量砂筒（图 13.1）：一端是封闭的，内径ϕ20mm，外径ϕ26mm，总高 90mm，容积为（25±0.15）mL。可通过称量砂筒中水的质量来确定其容积 V，并调整其高度，使其容积符合高度要求。

② 推平板（图 13.2）：推平板应为木制或铝制，直径 50mm，底面粘一层厚 1.5mm 的橡胶片，上面有一圆把手。

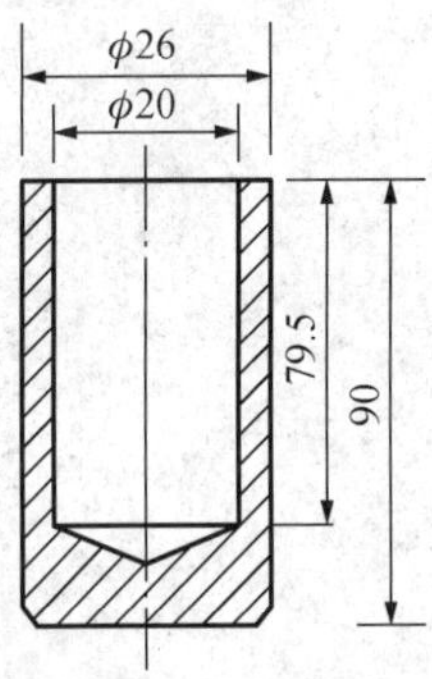

图 13.1　量砂筒

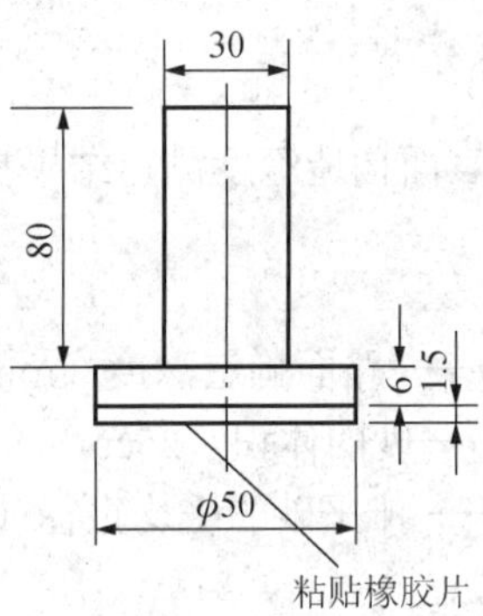

图 13.2　推平板

③ 刮平尺：可用 30cm 的钢尺代替。

2）量砂：足够数量的干燥洁净的匀质砂，粒径 0.15～0.3mm。

3）量尺：钢板尺、钢卷尺，或采用专门的构造深度尺。

4）其他：装砂容器、小铲、扫帚或毛刷、挡风板等。

3. 方法与步骤

（1）准备工作

1）量砂准备。将洁净的细砂晾干、过筛，取 0.15～0.3mm 的砂置于适当的容器中备用。量砂只能在路面上使用一次，不宜重复使用。回收砂必须经干燥、过筛处理后方可使用。

2）确定测点。对测试路段按随机取样选点的方法，决定测点所在横断面的位置。测点应选在行车道的轮迹带上，距路面边缘不应小于 lm。

（2）测试步骤

1）用扫帚或毛刷将测点附近的路面清扫干净，面积不小于 30cm×30cm。

2）用小铲装砂，沿筒壁向圆筒中注满砂，手提圆筒上方，在硬质路上轻轻叩打 3 次，使砂密实，补足砂面并用钢尺一次刮平。注意不可直接用量砂筒装砂，以免影响量砂密度的均匀性。

3）将砂倒在路面上，用底面粘有橡胶片的推平板由里向外重复作旋转摊铺运动。稍用力将砂细心地尽可能地向外摊开，使砂填入凹凸不平的路表面孔隙中。尽可能将砂摊成圆形，并不得在表面上留有浮动的余砂。注意摊铺时不可用力过大或向外推挤。

4）用钢板尺测量所构成圆的两个垂直方向的直径，取其平均值，准确至 5mm。

5）按上述方法，同一处平行测定不少于 3 次，3 个测点均位于轮迹带上，测点间距 3～5m。该处的测定位置以中间测点的位置表示。

4. 计算

路面表面构造深度测定结果按式（13.1）计算

$$TD=\frac{1000V}{\pi D^2/4}=\frac{31831}{D^2} \tag{13.1}$$

式中 TD——路面构造深度（mm）；

V——砂的体积，25cm^3；

D——摊平砂的平均直径（mm）。

5. 报告

手工铺砂路面构造深度试验记录见表 13.1。

当平均值小于 0.2mm 时，试验结果以“<0.2mm”表示。同时，还要计算每一个评定区间路面构造深度的平均值、标准差、变异系数等。

一般来说，手工铺砂法误差较大，其原因很多，例如装砂的方法无标准，致使量筒中的砂紧密程度不一样，影响砂量；推平板无标准，更主要的是砂要摊开到多大程度无明确规定。为了克服手工铺砂法操作不统一、测量不准确的缺点，可采用电动铺砂法和激光法。

表 13.1　手工铺砂路面构造深度试验记录

桩号	编号	砂体积 V/cm^3	摊平砂平均直径 D/mm	构造深度 TD/mm	平均值/mm	备注

实训 14　沥青路面摩擦系数测定

1. 适用范围

本方法适用于以摆式摩擦系数测定仪（摆式仪）测定沥青路面、标线或其他材料试件的抗滑值，用以评定路面或路面材料试件在潮湿状态下的抗滑能力。

2. 设备与材料

1）摆式仪：构造如图 14.1 所示。

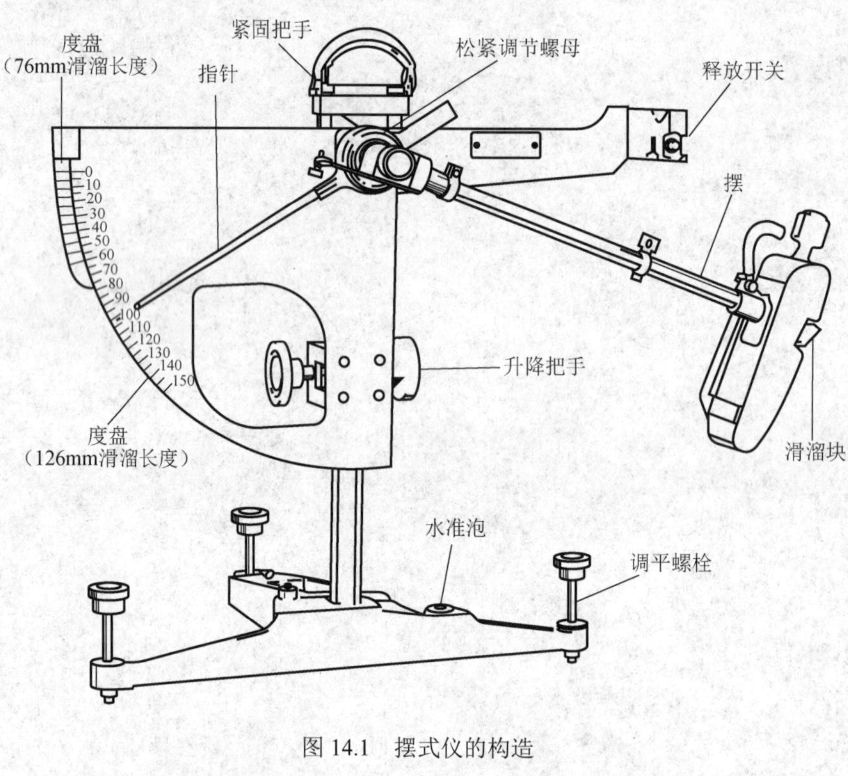

图 14.1　摆式仪的构造

2）橡胶片：尺寸为 6.35mm×25.4mm×76.2mm，橡胶质量符合规定要求。

3）标准量尺：长 126 mm。

4）洒水壶。

5）橡胶刮板。

6）路面温度计：分度不大于 1℃。

7）其他：皮尺或钢卷尺、扫帚、粉笔等。

3. 准备工作

1）检查摆式仪的调零灵敏情况，并定期进行仪器的标定。当用于路面工程检查验收时，必须重新标定。

2）对测试路段按随机取样选点的方法选定测点。测点应选在行车道的轮迹带上，距路面边缘不应小于 1m，并用粉笔作出标志。

4. 方法与步骤

（1）清洁路面

用扫帚或其他工具将测点处的路面打扫干净。

（2）仪器调平

1）将仪器置于路面测点上，并使摆的摆动方向与行车方向一致。

2）转动底板上的调平螺栓，使水准泡居中。

（3）调零

1）放松上下两个紧固把手，转动升降把手使摆升高，并能自由摆动，然后旋紧紧固把手。

2）将摆向右运动，按下安装于悬臂上的释放开关，使摆上的卡环进入开关槽，放开释放开关，摆即处于水平释放位置，并把指针抬至与摆杆平行处。

3）按下释放开关，使摆向左带动指针摆动。当摆达到最高位置后下落时，用手将摆杆接住，此时指针应指零。若不指零，可稍旋紧或放松摆的调节螺母，重复本项操作，直至指针指零，调零允许误差为±1。

（4）校核滑动长度

1）让摆处于自然下垂状态，松开固定把手，转动升降把手，使摆下降。与此同时，提起举升柄使摆向左侧移动，然后放下举升柄使橡胶片下缘轻轻触地，紧靠橡胶片摆放滑动长度量尺，使量尺左端对准橡胶片下缘；再提起举升柄使摆向右侧移动，然后放下举升柄使橡胶片下缘轻轻触地，检查橡胶片下缘应与滑动长度量尺的右端齐平。

① 若齐平，则说明橡胶片两次触地的距离（滑动长度）符合 126mm 的规定。校核滑动长度时，应以橡胶片长边刚刚接触路面为准，不可借摆的力量向前滑动，以免标定的滑动长度与实际不符。

② 若不齐平，升高或降低摆或仪器底座的高度。微调时可旋转仪器底座上的调平螺栓，以此调整仪器底座的高度，但需注意保持水准泡居中。重复上述动作，直至滑动长度符合 126mm 的规定。

2）将摆固定在右侧悬臂上，使摆处于水平释放位置，并把指针拨至右端与摆杆平行处。

3）用喷水壶浇洒测点，使路面处于湿润状态。

4）按下右侧悬臂上的释放开关，使摆在路面滑过。当摆杆回落时，用手接住，读数但不记录；然后使摆杆和指针重新置于水平释放位置。

5）重复 3）和 4）的操作 5 次，并读记每次测定的摆值。单点测定的 5 个值中最大值与最小值的差值不得大于 3。如差值大于 3 时，应检查产生的原因，并再次重复上述各项操作，至符合规定为止。取 5 次测定的平均值作为单点的路面抗滑值（即摆值 BPN_t），取整数。

6）在测点位置用温度计测记潮湿路表温度，准确至 1℃。

7）每个测点由 3 个单点组成，即需按以上方法在同一测点处平行测定 3 次，以 3 次测定结果的平均值作为该测点的代表值（精确到 1）。3 个单点均应位于轮迹带上，单点间距离为 3～5m。该测点的位置以中间单点的位置表示。

5. 抗滑值的温度修正

当路面温度为 t（℃）时测得的摆值为 BPN_t，必须按下式换算成标准温度 20℃的摆值 BPN_{20}

$$BPN_{20} = BPN_t + \Delta BPN \tag{14.1}$$

式中 BPN_{20}——换算成标准温度 20℃的摆值；

BPN_t——路面温度 t 时测得的摆值；

ΔBPN——温度修正值，按表 14.1 采用。

表 14.1 温度修正值

温度/℃	0	5	10	15	20	25	30	35	40
温度修正值 ΔBPN	−6	−4	−3	−1	0	+2	+3	+5	+7

6. 报告

报告应包括以下内容：

1）测试日期、测点位置、天气情况、洒水后潮湿路面的温度，并描述路面类型、外观、结构类型等。

2）列表逐点报告路面抗滑值的测定值 BPN_t、经温度修正后的 BPN_{20} 及 3 次测定的平均值。

3）每一个评定路段（不小于 5 个测点）的路面抗滑值的平均值、标准值、变异系数。

4）精度要求是同一个测点，重复 5 次测定的差值不大于 3。

沥青路面摩擦系数检测记录见表 14.2。

表 14.2　沥青路面摩擦系数检测记录

工程名称　　　　　　　　路面类型　　　　　　　　路段桩号　　　　　　　　路面温度

检验者______　　　　　　计算者______　　　　　　校核者______　　　　　　检查日期______

测定位置		测定序号	路况描述	摆值（*BPN*）						测点摆值（*BPN*）	修正后摆值（*BPN*）
桩号	横距/m			1	2	3	4	5	平均值		
测点数		规定值 *BPN*		平均值 *BPN*		标准差		变异系数/%		合格率/%	

实训 15　水泥混凝土圆柱体劈裂抗拉强度测定

1. 适用范围

本方法适用于各类水泥混凝土的圆柱试件和现场芯样。

2. 设备与材料

（1）设备

1）钻芯机。

2）芯样切割机。当检测混凝土强度时将芯样用切割机加工成具有一定尺寸的抗压试件。切割方式可分为两种类型：一种是圆锯片不移动，但工作台可以移动；另一种是锯片平行移动，工作台不动。

3）人造金刚石空心薄壁钻头。

4）芯样劈裂抗拉试验装置示意图如图 15.1 所示。

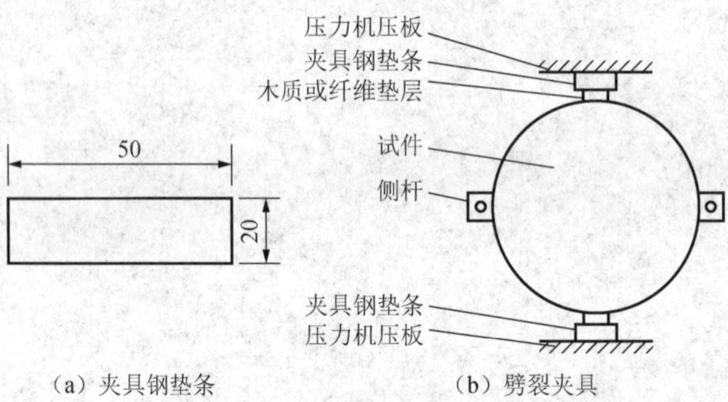

（a）夹具钢垫条　　（b）劈裂夹具

图 15.1　芯样劈裂抗拉试验装置示意图

（2）材料

芯样钻取与芯样切割加工应符合下列规定：

1）钻取位置。在钻取前应考虑由于钻芯可能导致对结构的不利影响，应尽可能避免在靠近混凝土构件的接缝或边缘处钻取，且基本上不应带有钢筋。

2）标志。钻出后的每个芯样应立即清楚地用油漆等标上记号，并记录芯样在混凝土结构中的位置。

3）平均直径。在钻芯过程中，由于受到钻机振动、钻头偏摆等因素的影响，芯样的直径在各个方向上并不十分均匀，也就是说同一芯样直径有的部位大有的部位小。为了方便地计算芯样的截面面积，以平均直径为代表。

4）芯样切割加工与端面的修整应符合下列规定：

① 芯样切割。采用切割机和人造金刚石圆锯片进行切割加工。

② 芯样端面的修整。芯样在锯切过程中，由于受到振动、夹持不紧或圆锯片偏斜等因素的影响，芯样端面的平整度及垂直度很难完全满足试件尺寸的要求。此时，需采用专用机具进行磨平或补平处理。芯样端面修整可分为两种方法：磨平法和补平法。磨平法是指在磨平机的磨盘上撒上金刚石砂粒（或直接用金刚石磨轮），对芯样两端进行磨平处理，或采用金刚石车刀在车床上对芯样端面进行车光处理，直到平整度及垂直度达到要求时为止。补平法是指用补平材料对芯样端面进行修整，根据所用材料可分为硫磺补平、硫磺胶泥补平、硫磺砂浆补平、水泥净浆补平、水泥砂浆补平等。

3. 检查

每个芯样应详细描述有关裂缝、接缝、分层、麻面或离析等情况，必要时应记录以下事项：

1）集料情况。估计集料的最大粒径、形状及种类，粗细集料的比例和级配。

2）密实性。检查并记录存在的气孔，气孔的位置、尺寸与分布情况，必要时应拍下照片。

4. 方法与步骤

（1）试件制备和养护

1）本试件应同龄期为一组，每组为 3 个同条件制作和养护的混凝土试件。

2）对于现场芯样，长径比大于等于 1；适宜的长径比为 1.9～2.1，最大长径比不能超过 2.1。芯样最小直径为 100mm，直径至少是公称最大粒径的 2 倍。芯样在进行强度试验前需进行调湿，一般应在标准养护室养护 24h。

（2）具体步骤

1）至试验龄期时，自养护室取出试件，用湿布覆盖，避免其湿度变化。测量出直径、高度并检查外形，尺寸量测至 1mm。

2）在试件中部画出劈裂面位置线。圆柱体的母线公差为 0.15mm。这两条母线应位于同一轴向平面内，彼此相对，两条线的末端在试件的端面上相连，应为通过圆心的直径，以明确标明承压面。将试件、劈裂夹具、垫条和垫层放在压力机上，借助夹具两侧杆，将试件对中。开动压力机，当压力机压板与夹具垫条接近时，调整球座使压力均匀接触试件；当压力达到 5kN 时，将夹具的侧杆抽掉，试件对中。

3）当混凝土的强度等级小于 C30 时，加载速度为 0.02～0.05MPa/s；当混凝土的强度等级大于等于 C30 且小于 C60 时，加载速度为 0.05～0.08MPa/s；当混凝土的强度等级大于等于 C60 时，加载速度为 0.08～0.10MPa/s。当试件接近破坏而开始迅速变形时，不得调整试验机油门，直至试件破坏，记下破坏极限荷载 F（N）。

5. 计算

1）芯样劈裂抗拉强度 f_{ct} 按下式计算

$$f_{ct}=\frac{2F}{A\pi}=\frac{2F}{\pi d_m\times L_m} \tag{15.1}$$

式中 f_{ct}——芯样劈裂抗拉强度（MPa），精确至 0.1MPa；

F——破坏极限荷载（N）；

A——芯样劈裂截面面积（mm^2）；

d_m——芯样截面的平均直径（mm）；

L_m——芯样平均长度（mm）。

2）劈裂抗拉强度测定值的计算及异常数据的取舍原则为：以 3 个试件测值的算术平均值为测定值，如 3 个试件中最大值或最小值中有一个与中间值的差值超过中间值的 15%时，则取中间值为测定值；如有两个测值与中间值的差值均超过上述规定时，则该组试验结果无效。结果计算精确至 0.01MPa。

6. 报告

报告应包括以下内容：

1）要求检测的项目名称、执行标准。

2）原材料的品种、规格和产地。

3）试验日期及时间。

4）仪器设备的名称、型号及编号。

5）环境温度和湿度。

6）圆柱体劈裂抗拉强度值。

7）要说明的其他内容。

实训 16　地基承载力检测

1. 适用范围

标准贯入试验是重型动力触探法的一种，采用质量为 63.5kg 的穿心锤，以 76cm 的落距（轻型动力触探法采用的是质量为 10kg 的穿心锤，以 45cm 的落距）将一定规格的标准贯入器先打入土中 15cm；然后开始记录标准贯入器再打入土中 30cm 的锤击数，并以此作为标准贯入试验指标 N（即标准贯入锤击数）。标准贯入锤击数 N 既可用于查表确定地基土的允许承载力，也是检验地基处理效果的重要方法。

标准贯入试验适用于施工现场确定地基允许承载力。

2. 设备与材料

标准贯入仪结构示意图如图 16.1 所示。

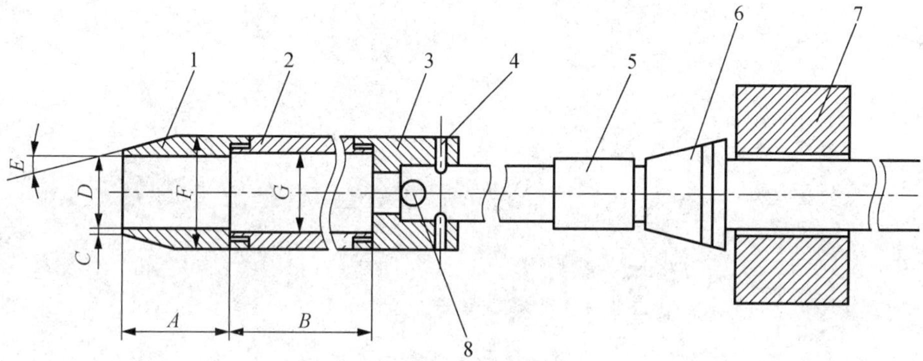

图 16.1　标准贯入仪结构示意图

1-贯入器靴；2-由两半圆形筒合成的贯入器身；3-贯入器头；4-排水孔；5-触探杆；6-锤垫；7-穿心锤；8-钢球阀

3. 方法步骤

1）用钻机先钻到需要进行标准试验的土层，清孔后换用标准贯入器，并量得深度尺寸。

2）将贯入器垂直打入试验土层中，先打入 15cm，不计击数；继续贯入土中 30cm，记录其击数，此数即为标准贯入锤击数 N。

3）提出贯入器，将贯入器中土样取出，进行鉴别描述、记录；然后换钻探工具继续钻进，至下一试验深度，再重复上述操作。

4）在不能保证孔壁稳定的钻孔中进行试验时，应下套管以保护管壁，但试验深度必须在套管口 75cm 以下，或采用泥浆护壁。

5）由于钻杆的弹性压缩会引起能量损耗，钻杆过长时传入贯入器的动能降低，因而减少每击的贯入深度，也就是提高了锤击数，所以需要根据杆长对锤击数进行修正。

6）对于同一土层进行多次试验，然后取锤击数的平均值，见表 16.1。

7）查《公路桥涵地基与基础设计规范》（JTG D63—2007），根据标准贯入锤击数 N 的修正与统计值，从表 16.1 中直接查得承载力标准值 f_k。

表 16.1　标准贯入锤击数与承载力标准值对应关系数据

标准贯入锤击数 N	3	5	7	9	11	13	15	17	19	21	23
承载力标准值 f_k	105	145	190	235	280	325	370	430	515	600	680

实训 17　泥浆性能指标检测

1. 适用范围

本方法适用于施工现场检测泥浆的砂率、密度、黏度。

2. 泥浆砂率检测

（1）设备与材料

NA-1 型含沙量计：由一只装有 200 目筛网的滤筒和与滤筒直径相应的漏斗，以及一只具有 0～100%刻度的玻璃测管组成，如图 17.1 所示。

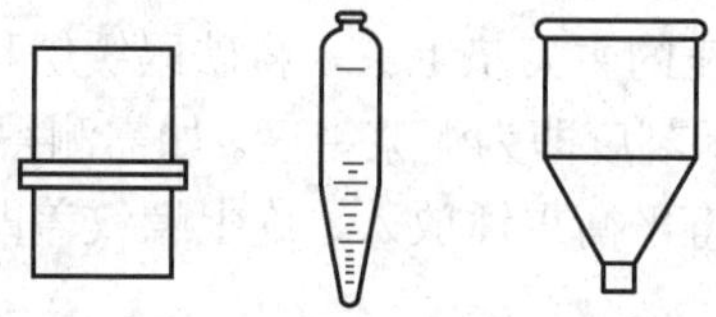

（a）滤筒　（b）测管　（c）漏斗

图 17.1　NA-1 型含沙量计

（2）操作程序

1）把泥浆充至测管上标有“泥浆”字样的刻线处，加清水至有“水”的刻线处，堵死管口并摇振。

2）倾倒该混合物于滤筒中，丢弃通过滤筛的液体，再加清水于测管中，摇振后再倒入滤筒中。反复此操作，直至测管内清洁为止。

3）用清水冲洗筛网所得的砂子，剔除残留泥浆。

4）把漏斗套进滤筒，然后慢慢翻转过来，并把漏斗嘴插入测管内。用清水把附在筛网上的砂子全部冲入管内。

5）待砂子沉淀后，读出砂子的百分含量。

6）将仪器清洗并擦干，收入箱内。

3. 密度检测

（1）仪器准备

NB-1 型泥浆密度计是用于测定泥浆密度的仪器，其单位为 g/cm^3，测量范围为 $0.96\sim3g/cm^3$，刻度分度值为 $0.01g/cm^3$。泥浆杯的容量为 $140cm^3$。本泥浆密度计所占体积为 500mm×100mm×100mm。本型泥浆密度计是不等臂杠杆式仪器，它的主要部件如图 17.2 所示。

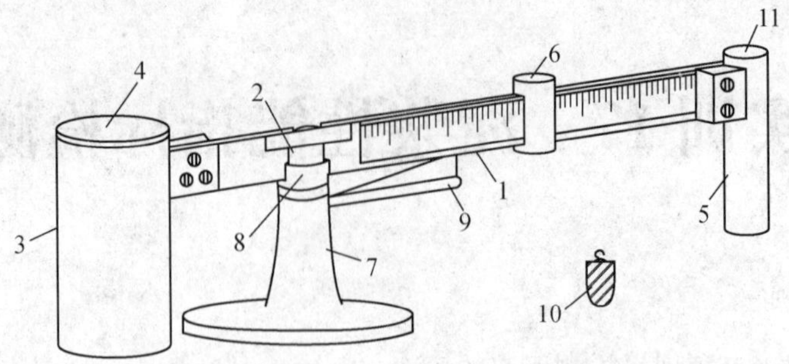

图 17.2 NB-1 型泥浆密度计

1-杠杆；2-主刀口；3-泥浆杯；4-杯盖；5-平衡圆柱；6-砝码；7-底座；8-主刀垫；9-挡臂；10-平衡重锤；11-平衡圆柱盖

（2）操作程序

本泥浆密度计在使用时，须将泥浆注入泥浆杯内，齐平杯口为止，不要留有气泡，将杯盖轻轻盖上，多余泥浆和空气即从杯盖中间的小孔处排出，再将溢出的泥浆刷干净。然后把杠杆的主刀口放到底座的主刀垫上去，将砝码缓缓移动，当水泡位于中央时，杠杆呈水平状态，砝码左侧所示刻度即为泥浆密度。如需测得泥浆密度 2～3g/cm^3 范围时，需将平衡圆柱盖旋开，然后将平衡重锤放入，旋上螺纹盖即可测得。仪器使用后应冲洗干净。

检验仪器是否准确，可在泥浆杯中注满蒸馏水，用同样方法测得密度如为 1g/cm^3，则表明密度计是准确的。如果测得结果不为 1g/cm^3，则可将密度计的平衡圆柱盖拧开，增减圆柱内的金属颗粒，所测得的密度为 1g/cm^3 即可。

4. 黏度检测

（1）仪器准备

泥浆黏度检测所用仪器是 1006 型泥浆黏度计，泥浆黏度是以从 1006 型泥浆黏度计中流出 500cm^3 的泥浆所需的时间来表示，单位为 s。

1006 型泥浆黏度计是一个漏斗状容器，末端为一个流出管，流出管为孔径 5mm、长 100mm 的铜管，将清洁的水 700cm^3 注入黏度计，而流出 500cm^3 所需的时间为 15s。有隔层的量杯其一端的容量为 500cm^3，另一端的容量为 200cm^3。

另外，随仪器附有盛泥浆的筛网和泥浆筒，泥浆筒的容量约为 1000cm^3，其直径与黏度计上口相同，所以筛网可以附在两者之上。筛网的作用是过滤泥浆。

（2）操作程序

在测定黏度之前，先将黏度计用水冲刷干净，再在化验用的泥浆搅拌机中把泥浆搅拌 1min；然后用量杯将 500cm^3 及 200cm^3（共 700cm^3）的泥浆通过筛网注入黏度计，其流出口用手指堵住不使泥浆流出。

测量时将 500cm^3 的量杯置于流出口下，当放开堵住出口的手指时，同时开动秒表，待泥浆填满 500cm^3 量杯并到达量杯边缘时，立刻按停秒表，记下泥浆流出的时间，此时就是泥浆的黏度。假如在测定黏度以前，没有将泥浆按照上述方法在搅拌机中充分搅拌，则应把泥浆由量杯重新倒入黏度计中，重复测量，一直到流出的时间不再减少为止。

将黏度计悬挂在墙上做试验比较方便，这样只要一人就可以进行操作，测量后须用水将黏度计、筛网和量杯冲洗干净。

黏度计应当时常用清洁的水来测量其流出时间，称为黏度计的“水值”，如水值大于 15s，表示流出管未冲洗干净，可用软毛刷、布条等通刷管通；如小于 15s，就不能使用了，正常的水值为 15s±0.5s。

实训18　回弹法测强度

1. 适用范围

本方法适用于在施工现场测定混凝土的强度。

2. 设备与材料

回弹仪，宜采用示值系统为指针直读数的混凝土回弹仪。

3. 方法与步骤

（1）结构或构件混凝土强度检测资料收集

1）工程名称，以及设计、施工、监理（或监督）和建设单位的名称。

2）结构或构件的名称、外形尺寸、数量及混凝土强度等级。

3）水泥的品种、强度等级、安定性、厂名；砂、石的种类、粒径；外加剂或掺和料的品种、掺量；混凝土配合比等。

4）施工时材料的计量情况，模板、浇筑、养护情况，以及成型日期等。

5）必要的设计图纸和施工记录。

6）检测原因。

（2）回弹仪的率定

回弹仪在工程检测前后，应在钢砧上做率定试验，使其符合下列要求：

1）水平弹击时，弹击锤脱钩的瞬间，回弹仪的标准能量应为2.207J。

2）弹击锤与弹击杆碰撞的瞬间，弹击拉簧应处于自由状态，此时弹击锤起跳点应相应于指针指示刻度尺上的“0”处。

3）在洛氏硬度HRC为60±2的钢砧上，回弹仪的率定值应为80±2。回弹仪率定试验应在干燥、室温为5～35℃的条件下进行。率定时，钢砧应稳固地平放在刚度大的物体上。测定回弹值时，取向下连续弹击三次的稳定回弹平均值。弹击杆应分为四次旋转，每次旋转应为90°。弹击杆每旋转一次的率定平均值应为80±2。

（3）回弹测区与测点的选择

1）选择符合规定的测区。每一结构或构件的测区应符合下列规定：

① 每一结构或构件测区数不应少于10个，对某一方向尺寸小于4.5m且另一方向尺寸小于0.3m的构件，其测区数量可适当减少，但不应少于5个。

② 相邻两测区的间距应控制在2m以内，测区到构件端部或施工缝边缘的距离不宜大于0.5m，且不宜小于0.2m。

③ 测区应选在使回弹仪处于水平方向检测混凝土浇筑侧面的位置。当不能满足这

一要求时，可使回弹仪处于非水平方向检测混凝土浇筑的侧面、表面或底面。

④ 测区宜选在构件的两个对称可测面上，也可选在一个可测面上，且应均匀分布。在构件的重要部位及薄弱部位必须布置测区，并应避开预埋件。

⑤ 测区的面积不宜大于 $0.04m^2$。

⑥ 检测面应为混凝土表面，并应清洁、平整，不应有疏松层、浮浆、油垢、涂层，以及蜂窝、麻面。必要时，可用砂轮清除疏松层和杂物，且不应有残留物的粉末或碎屑。

⑦ 对弹击时产生颤动的薄壁、小型构件应进行固定。

2）测区编号并记录。每个结构或构件的测区应标有清晰的编号，必要时应在记录纸上描述测区布置示意图和外观质量情况。

3）选择合适的测点。测点宜在测区范围内均匀分布，相邻两测点的净距不宜小于 20mm；测点距外露钢筋、预埋件的距离不宜小于 30mm。测点不应在气孔或外露石子上，同一测点只应弹击一次。每一测区应记取 16 个回弹值，每一测点的回弹值读数估读至 1。

（4）回弹仪测量碳化深度值的操作

将弹击杆顶住混凝土的表面，轻压仪器，松开按钮，弹击杆缓慢伸出，使仪器对混凝土表面缓慢均匀施压；待弹击锤脱钩冲击弹击杆后即回弹，带动指针向后移动并停留在某一位置上，即为回弹值。继续顶住混凝土表面并在读取和记录回弹值后，逐渐对仪器减压，使弹击杆自仪器内伸出，重复进行上述操作，即可测得被测构件或结构的回弹值。操作中注意仪器的轴线应始终垂直于混凝土构件的检测面，要缓慢施压、准确读数、快速复位。

回弹值测量完毕后，应在有代表性的位置上测量碳化深度值，测点数不应少于构件测区数的 30%，取其平均值作为该构件每测区的碳化深度值。当碳化深度值大于 2.0mm 时，应在每一测区测量碳化深度值。

碳化深度值测量方法：采用适当的工具在测区表面形成直径约 15mm 的孔洞，其深度应大于预估混凝土的碳化深度；孔洞中的粉末和碎屑应除净，并不得用水擦洗；同时，采用 1%的酚酞酒精溶液滴在孔洞内壁的边缘处，当已碳化区与未碳化区界线清楚时，再用深度测量工具测量已碳化区与未碳化区混凝土的交界面到混凝土表面的垂直距离，测量不应少于 3 次，取其平均值，每次读数精确至 0.5mm。

4. 计算

1）计算测区平均回弹值，应从该测区的 16 个回弹值中剔除 3 个最大值和 3 个最小值，余下的 10 个回弹值按下式计算

$$R_{\mathrm{m}}=\frac{\sum_{i=1}^{10}R_i}{10} \tag{18.1}$$

式中　R_{m}——测区平均回弹值，精确至 0.1；

R_i——第 i 个测点的回弹值。

2）非水平方向检测混凝土浇筑侧面时，应按下式修正

$$R_m = R_{m\alpha} + R_{a\alpha} \tag{18.2}$$

式中　$R_{m\alpha}$——非水平状态检测时测区的平均回弹值，精确至0.1；

$R_{a\alpha}$——非水平状态检测时回弹值修正值，可按《回弹法检测混凝土抗压强度技术规程》（JGJ/T 23—2011）的规定取值。

3）水平方向检测混凝土浇筑顶面或底面时，应按下列计算式修正

$$R_m = R_m^t + R_a^t \tag{18.3}$$

$$R_m = R_m^b + R_a^b \tag{18.4}$$

式中　R_m^t、R_m^b——水平方向检测混凝土浇筑顶面或底面时测区的平均回弹值，精确至0.1；

R_a^t、R_a^b——混凝土浇筑顶面或底面回弹值的修正值，应按《回弹法检测混凝土抗压强度技术规程》（JGJ/T 23—2011）的规定取值。

当检测时回弹仪为非水平方向且测试面为非混凝土的浇筑侧面时，应先对回弹值进行角度修正，再对修正后的值进行浇筑面修正。

实训 19　检测钢筋保护层厚度

1. 适用范围

本方法适用于测定钢筋保护层厚度。

对结构实体钢筋保护层厚度的检验，其检验范围主要是钢筋位置可能显著影响结构构件承载力和耐久性的构件和部位，如梁、板类构件的纵向受力钢筋。由于悬臂构件上部受力钢筋位移可能严重削弱结构构件的承载力，故更应重视对悬臂构件受力钢筋保护层厚度的检验。

钢筋保护层厚度的检测方法分为破损检测和无损检测两大类。破损检测一般是剔凿混凝土，然后直接量测。这种方法直观准确，但是工作强度和工作量很大，效率也很低，检测完还要进行结构的修复，无法满足大面积的抽查要求。这里主要介绍无损检测法。

2. 设备与材料

1）混凝土钢筋检测仪：仪器通过传感器向被测结构内部的局域范围发射电磁场，同时接收在电磁场覆盖范围内铁磁性介质（钢筋）产生的感应磁场，并转换为电信号；主机系统实时分析处理数字化的电信号，并以图形、数值、提示音等多种方式显示出来，从而准确判定钢筋的位置、直径，以及保护层厚度。混凝土钢筋检测仪由系统主机、传感器（探头）、传感器信号线、数据传输线等组成，如图 19.1 所示。

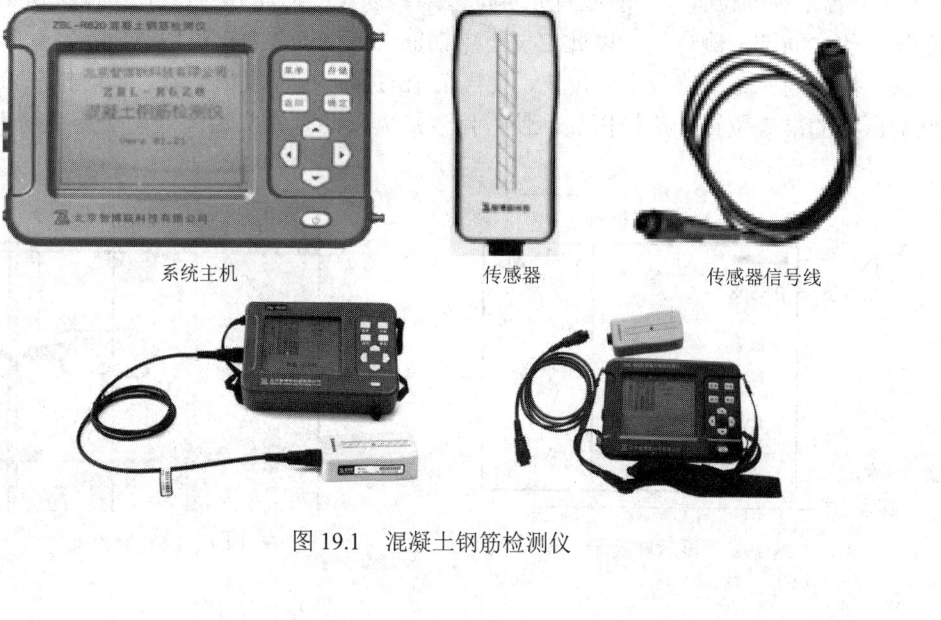

图 19.1　混凝土钢筋检测仪

2）有机玻璃板（或木板等非铁磁性材料）：约 25mm 厚。

3）铅笔等。

3. 方法与步骤

（1）仪器的检定和自检

仪器应该妥善保管，在规定的周期内定期送有资质的单位检定；同时，应该制作标准试件，每次检测出发前和回来后都应进行自检，了解仪器的状况，做到有问题及时发现、及早处理。

（2）制作相关技术文件和表格

制作相关的程序文件、作业指导书、检测委托单、原始记录、检测报告、仪器维护保养记录等技术文件和表格。其中，原始记录应该包括工程名称、报检编号、楼层、构件名称、轴线编号、设计值、实测值等一系列信息，并且要做到能再现检测现场，便于查找和处理问题。

（3）现场准备工作

确定检测构件和部位，了解现场情况，平整场地，查阅有关图纸，找出相关参数。

（4）具体检测

1）检测仪复位。系统主机开机，将传感器拿在空中，远离铁磁体，按下确认键，并按下复位键。显示屏显示如图 19.2 所示。在检测过程中应每 10min 左右进行一次复位操作。

2）确认钢筋位置与钢筋走向。

① 钢筋直径已知时，输入设计钢筋直径；钢筋直径未知时，可根据《钢筋混凝土用钢 第 2 部分：热轧带肋钢筋》（GB/T 1499.2—2007）中规定的 15 种钢筋直径，预设钢筋直径。

② 判定钢筋位置。一般应首先定位上层钢筋（或箍筋），然后在两条上层钢筋（或箍筋）的中间选定测量线，以此定位下层钢筋（或主筋），如图 19.3 所示。反方向移动探头，找到当前距离值最小的位置，使当前值与保护层厚度值一致，此时探头位置即为钢筋所在的准确位置；旋转探头，使得信号最大，此时探头走向即为被测钢筋走向。

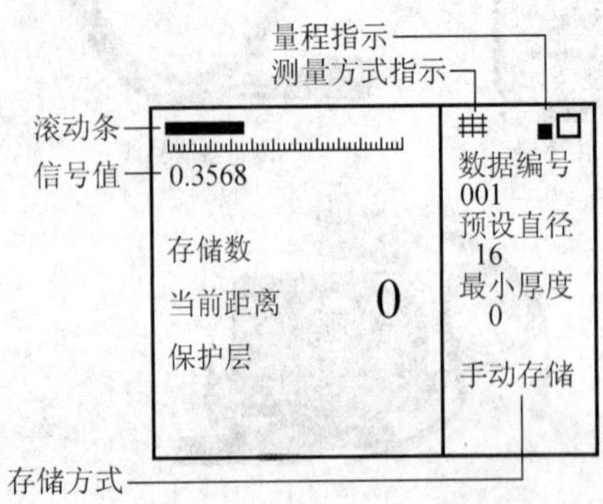

图 19.2　显示屏显示

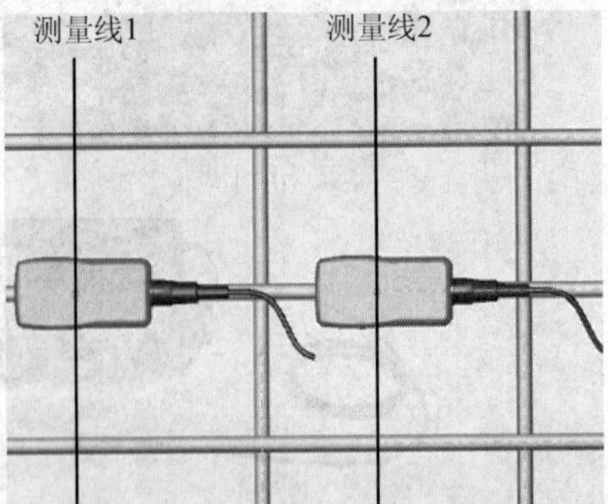

图 19.3　钢筋位置判定

屏幕显示锁定的保护层厚度值即为当前钢筋的混凝土保护层厚度。

当钢筋直径未知时，可以通过下述操作获得：将传感器放置在被测钢筋的正上方，并与被测钢筋平行；按下“▲”键，屏幕显示钢筋直径字样，约 2s 后直径测量结果直接显示在屏幕上；同时测量保护层厚度，显示在保护层显示值位置上，如图 19.4 与图 19.5 所示。

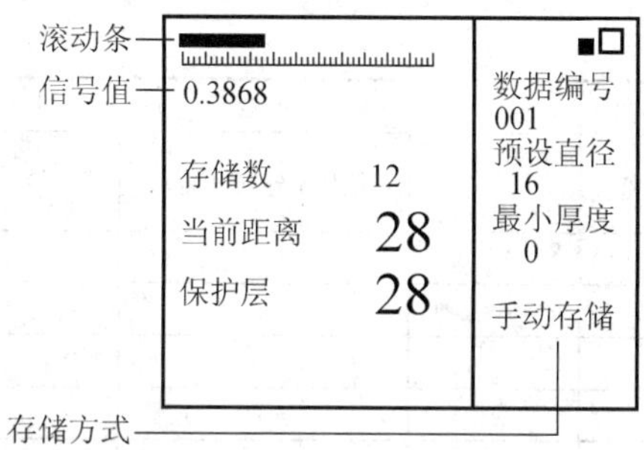

图 19.4　测量示例 1

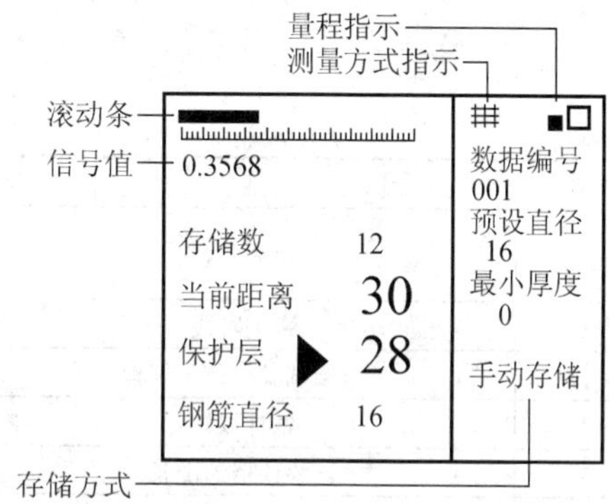

图 19.5　测量示例 2

测量时如遇到保护层厚度太小的情况，建议在传感器底部垫一块有机玻璃（或其他非金属材料），将测量值减去垫块厚度即为实测保护层厚度。

3）保存测得的混凝土保护层厚度值。手动存储状态下按存储键将当前的混凝土保护层厚度值保存，而自动存储状态下已经自动将当前的混凝土保护层厚度值保存。

4）数据的传输与处理。通过数据传输软件将已存储的保护层厚度值传输到计算机上，并通过相应的数据整理软件进行数据的分析和处理。

5）数据删除。

附录 评 分 表

评分表

学习领域：　　　　学习情境：　　　　　　　　　　　　总分：

专业		姓名		学号		评价日期	

序号	评分内容	标准分值	自我评分（20%）	班组评分（30%）	教师评分（50%）
（一）	咨询阶段	（20）			
1	查阅试验规范、规程	5			
2	试件取样	5			
3	试验仪器的准备	5			
4	试验仪器的调试	5			
（二）	计划与决策	（25）			
1	试验计划的安排	5			
2	试验条件准备	5			
3	人员安排	5			
4	试验仪器的选择	5			
5	质量、安全、环保等保障措施的制订	5			
（三）	实施	（35）			
1	试验过程的规范性、协调性、正确性	5			
2	试验质量控制	10			
3	试验安全、环保控制	5			
4	试验资料整理、归档	5			
5	试验数据的处理	10			
（四）	检查与评估	（20）			
1	试验质量（精度）的检查	5			
2	学生自我表述的难度、不足、改善措施	5			
3	学生对工作的团队精神和组织能力	5			
4	试验过程的熟练性（时间）	5			
	总分	100			

备注：

被评估者签名	日期	小组长签名	日期	老师签名	日期

主要参考文献

李林军．2008．公路工程试验检测技术实训指导书[M]．成都：西南交通大学出版社．

王立军，周广宇．2012．公路工程检测（含实训指导书）[M]．郑州：黄河水利出版社．